MINDFULNESS
EM OITO SEMANAS

Michael Chaskalson

MINDFULNESS
EM OITO SEMANAS

Um Plano Simples e Revolucionário para Iluminar sua Mente e Trazer Serenidade para sua Vida

Tradução
Claudia Gerpe Duarte
Eduardo Gerpe Duarte

Editora
Pensamento
SÃO PAULO

Título do original: *Mindfulness in Eight Weeks*.

Copyright © 2014 Michael Chaskalson.

Ilustrações © Nicolette Caven

Publicado originalmente pela HarperCollins Publishers Ltd.

Copyright da edição brasileira © 2017 Editora Pensamento-Cultrix Ltda.

Texto de acordo com as novas regras ortográficas da língua portuguesa.

1ª edição 2017.

1ª reimpressão 2018.

Todos os direitos reservados. Nenhuma parte desta obra pode ser reproduzida ou usada de qualquer forma ou por qualquer meio, eletrônico ou mecânico, inclusive fotocópias, gravações ou sistema de armazenamento em banco de dados, sem permissão por escrito, exceto nos casos de trechos curtos citados em resenhas críticas ou artigos de revistas.

A Editora Pensamento não se responsabiliza por eventuais mudanças ocorridas nos endereços convencionais ou eletrônicos citados neste livro.

Editor: Adilson Silva Ramachandra
Editora de texto: Denise de Carvalho Rocha
Gerente editorial: Roseli de S. Ferraz
Preparação de originais: Luciana Soares
Produção editorial: Indiara Faria Kayo
Editoração eletrônica: Join Bureau
Revisão: Nilza Agua

Dados Internacionais de Catalogação na Publicação (CIP)
(Câmara Brasileira do Livro, SP, Brasil)

Chaskalson, Michael
   Mindfulness em oito semanas: um plano simples e revolucionário para iluminar sua mente e trazer serenidade para sua vida / Michael Chaskalson; tradução Claudia Gerpe Duarte, Eduardo Gerpe Duarte. – São Paulo: Pensamento, 2017.

   Título original: Mindfulness in eight weeks.
   ISBN: 978-85-315-1976-5

   1. Atenção plena 2. Autoajuda 3. Estresse 4. Meditação – Uso terapêutico 5. Mindfulness – Terapia cognitiva I. Título.

17-04194   CDD-616.89142
                                               NLM-WM 270

Índices para catálogo sistemático:
1. Mindfulness: Atenção plena: Meditação: Medicina 616.89142

Direitos de tradução para o Brasil adquiridos com exclusividade pela
EDITORA PENSAMENTO-CULTRIX LTDA., que se reserva a
propriedade literária desta tradução.
Rua Dr. Mário Vicente, 368 — 04270-000 — São Paulo, SP
Fone: (11) 2066-9000 — Fax: (11) 2066-9008
http://www.editorapensamento.com.br
E-mail: atendimento@editorapensamento.com.br
Foi feito o depósito legal.

SUMÁRIO

INTRODUÇÃO: A atenção plena está em toda parte 9

    Quadro 1: Uma pequena digressão na história 18

    Quadro 2: Terapia cognitiva baseada na atenção plena 23

    Quadro 3: Como o curso que é a essência deste livro foi formulado? 27

    Quadro 4: Os efeitos do treinamento da atenção plena 31

PRIMEIRA SEMANA: Piloto automático 38

    Quadro 1: Exercício da uva-passa 41

    Quadro 2: Rotinas automáticas ineficazes 50

    Quadro 3: *Body scan* 57

    Quadro 4: Se eu pudesse viver minha vida de novo 63

    Quadro 5: Dicas para o *body scan* 65

    Quadro 6: Corrente 1 – Prática em casa para a primeira semana 66

    Quadro 7: Corrente 2 – Prática em casa para a primeira semana 67

SEGUNDA SEMANA: Atenção plena na respiração 68

    Quadro 1: Posturas para meditação 73

    Quadro 2: Meditação da atenção plena na respiração 79

    Quadro 3: Quatro habilidades fundamentais 86

Quadro 4: Atitudes atentas 88

Quadro 5: Corrente 1 – Prática em casa para a segunda semana 92

Quadro 6: Corrente 2 – Prática em casa para a segunda semana 94

Quadro 7: Diário de eventos agradáveis 95

TERCEIRA SEMANA: Atenção plena do corpo em movimento 98

Quadro 1: A velha e o cesto de peixes 104

Quadro 2: A mudança leva tempo 128

Quadro 3: Espaço da respiração de três passos 129

Quadro 4: O barômetro físico 131

Quadro 5: Aproximar e evitar 132

Quadro 6: Empatia e conscientização do corpo 138

Quadro 7: Modo de narrativa, modo de experiência 140

Quadro 8: Corrente 1 – Prática em casa para a terceira semana 144

Quadro 9: Corrente 2 – Prática em casa para a terceira semana 146

Quadro 10: Diário de eventos desagradáveis 147

QUARTA SEMANA: Controlar as reações 150

Quadro 1: As duas flechas 154

Quadro 2: Instruções para a meditação andando 160

Quadro 3: O que é estresse? 162

Quadro 4: Atenção plena da respiração e do corpo 168

Quadro 5: Atenção plena dos sons e dos pensamentos 172

Quadro 6: Conscientização indiferente 174

Quadro 7: A neurofisiologia do estresse 177

Quadro 8: Corrente 1 – Prática em casa para a quarta semana 183

Quadro 9: Corrente 2 – Prática em casa para a quarta semana 184

QUINTA SEMANA: Deixar que as coisas sejam como são **186**

    Quadro 1: Outra maneira de aceitar o que é difícil 189

    Quadro 2: A hospedaria 193

    Quadro 3: Meditar com o que é difícil 195

    Quadro 4: Relacionar-se com a aversão 199

    Quadro 5: Usar o espaço da respiração de três passos para
                enfrentar as dificuldades 200

    Quadro 6: Corrente 1 – Prática em casa para a quinta semana 202

    Quadro 7: Corrente 2 – Prática em casa para a quinta semana 203

SEXTA SEMANA: Reconhecer os pensamentos e as emoções
                como eventos mentais **204**

    Quadro 1: A atenção plena e a proliferação mental 213

    Quadro 2: Relacionar-se atentamente com os pensamentos 214

    Quadro 3: Parábola: O ladrão de biscoitos 216

    Quadro 4: Então por que as zebras *não* têm úlceras? 219

    Quadro 5: Padrões ineficazes de pensamento 223

    Quadro 6: Usar o espaço da respiração para trabalhar com
                os pensamentos 224

    Quadro 7: Corrente 1 – Prática em casa para a sexta semana 224

    Quadro 8: Corrente 2 – Prática em casa para a sexta semana 225

SÉTIMA SEMANA: Cuidar bem de si mesmo **226**

    Quadro 1: E se não houver necessidade de mudar? 231

    Quadro 2: O estresse – e seu efeito sobre a bondade e a compaixão 236

    Quadro 3: A atenção plena e a compaixão 238

    Quadro 4: Os indicadores do estresse e as estratégias de ação 239

Quadro 5: Atividades revigorantes e atividades desgastantes 242

Quadro 6: Corrente 1 – Prática em casa para a sétima semana 243

Quadro 7: Corrente 2 – Prática em casa para a sétima semana 244

OITAVA SEMANA: Viver atentamente 246

Quadro 1: 21 maneiras de permanecer atento no trabalho............ 251

RECURSOS ADICIONAIS 257

LEITURA ADICIONAL 261

NOTAS 263

LISTA DE ARQUIVOS DE ÁUDIO 279

AGRADECIMENTOS 281

AUTORIZAÇÕES 283

INTRODUÇÃO

A ATENÇÃO PLENA ESTÁ EM TODA PARTE

Quando comecei a praticar a atenção plena (*Mindfulness*) no Reino Unido, nos idos de 1970, pouquíssimas pessoas fora da Ásia tinham ouvido falar a respeito. Hoje ela está em toda parte. Recentemente a revista *Time* lhe dedicou uma capa, os congressistas americanos e os Membros do Parlamento britânico falam com eloquência sobre ela, existem cursos públicos em abundância, há programas amplamente respeitados disponíveis a crianças em idade escolar e jovens adultos, o Corpo de Fuzileiros Navais dos Estados Unidos a está incluindo em seu treinamento, as principais corporações oferecem treinamento em atenção plena a seus funcionários, cientistas estudam seus efeitos (cerca de 40 artigos científicos revisados por especialistas no tema são publicados todos os meses) e o National Institute for Health and Clinical Excellence, NICE [Instituto Nacional para Saúde e Excelência Clínica], que orienta o National Health Service [Serviço Nacional de Saúde] ambos do Reino Unido com relação aos tratamentos apropriados, recomenda um curso de atenção plena de oito semanas como uma intervenção de vanguarda em certos distúrbios.

Quase todas as semanas uma publicação importante, uma revista ou um jornal traz um artigo que trata da popularidade da atenção plena e de seus aparentes benefícios, e parece haver um interminável fluxo de livros a esse respeito.

POR QUE, ENTÃO, MAIS UM LIVRO?

Porque uma coisa é apenas ler sobre a atenção plena, e outra, bem diferente, é praticá-la. O objetivo deste livro é apoiá-lo nessa prática. Você pode usá-lo como um manual do tipo faça você mesmo, a fim de aprender a atenção plena de maneira estruturada, ou complementar o ensinamento de um programa de oito semanas de atenção plena conduzido por um professor. Você também pode usá-lo apenas no intuito de se inteirar da abordagem e experimentar por si mesmo algumas das ideias e práticas.

Este livro se fundamenta em um curso de atenção plena de oito semanas que é uma combinação das duas mais populares e amplamente pesquisadas de suas abordagens: a Redução do Estresse Baseada na Atenção Plena (Mindfulness-Based Stress Reduction, MBSR) e a Terapia Cognitiva Baseada na Atenção Plena (Mindfulness-Based Cognitive Therapy, MBCT). Independentemente de como o livro for usado, você obterá maiores benefícios se experimentar algumas das práticas de atenção plena ensinadas aqui por algum tempo.

Minha intenção é que este livro seja prático e – o máximo possível neste veículo – experiencial. Embora eu vá recorrer, de tempos em tempos, à considerável pesquisa científica sobre os efeitos do treinamento da atenção plena e discutir parte da teoria por trás da abordagem, tudo isso objetiva apoiar e esclarecer a *prática* efetiva da atenção plena. Em última análise, o verdadeiro significado da atenção plena surge de sua prática, e isso é algo que você precisa fazer por si mesmo. No final, apenas praticando alguns dos métodos da atenção plena é que você poderá descobrir o verdadeiro significado deles e começar a usufruir dos consideráveis benefícios que eles oferecem. Esses benefícios são consideráveis, uma vez que são numerosos e variados e estão acessíveis às pessoas em uma diversidade de contextos.

Atualmente eu ensino a atenção plena em diferentes lugares. Meus companheiros e eu conduzimos cursos públicos com autoinscrição em Londres e em outros locais. Também levamos programas como o apresentado aqui a pessoas em organizações, bancos, empresas da internet, organizações de mídia, empresas de serviços financeiros e especializados, ao Serviço Nacional de Saúde do Reino Unido, e assim por diante. Trabalho com grandes grupos ou individualmente com o alto escalão. Já dei aula para membros do conselho de grandes organizações internacionais. E trabalhei entre vasos de terra de compostagem, ministrando um curso à equipe que cuidava de um viveiro de plantas, ao lado de clientes com dificuldades de aprendizado. Às vezes, ministramos o programa completo de oito semanas e, em outras ocasiões, apresentamos uma introdução mais curta. Oferecemos cursos de Atenção Plena para Líderes e ensinamos a atenção plena ao pessoal administrativo. No entanto, não importa como ou onde lecionemos, a premissa básica do trabalho permanece a mesma: quando aprendemos a trabalhar com a nossa mente e estados mentais, as coisas saem melhor para nós e para os que nos cercam.

Depois de treinar a atenção plena por cerca de quarenta anos e dar aulas durante grande parte desse tempo, sinto que posso afirmar, inequivocamente, o seguinte: a atenção plena funciona.

COMO USAR ESTE LIVRO

A essência deste livro é um treinamento de oito semanas, e isso é refletido em sua estrutura. Cada capítulo inclui instruções para um conjunto particular de práticas, às quais você pode se dedicar em uma determinada semana. As práticas são cumulativas e seguem uma ordem específica – intensificando-se a cada semana.

O material básico do curso é exposto em um estilo regular. O restante do material – com exceção das atividades a serem feitas em casa – pode ser considerado, de certa maneira, leitura opcional. O conteúdo apresentado é identificado com diferentes símbolos:

O símbolo ⊛ indica instruções e orientações necessárias ao curso.

O símbolo 💡 apresenta ideias às quais irei me referir durante o curso.

O símbolo 🏠 acompanha uma descrição da prática definida para ser realizada em casa na semana em questão.

O símbolo *i* indica informações úteis, mas não absolutamente necessárias ao acompanhamento do curso. Você pode lê-las, se estiver interessado, ou desconsiderá-las, se preferir.

O símbolo 📖 acompanha um poema ou uma história que ilustra de maneira adicional algumas das ideias apresentadas no capítulo.

Também há um material de áudio disponível para *download* em apoio à prática de atenção plena de cada semana. Esse material pode ser encontrado em http://grupopensamento.com.br/mindfulnessemoitosemanas.rar. Você pode optar entre duas correntes de prática diária. A primeira segue o caminho da "clássica" MBSR e a MBCT sugere que você pratique, em casa, pelo menos 40 minutos por dia. A maioria das conclusões de pesquisas que mostram mudanças significativas como resultado do envolvimento com a MBSR ou a MBCT se basearam em um programa de prática diária semelhante a esse.

Se você estiver usando este livro como parte de um curso de oito semanas em grupo, conduzido por um professor, siga, em casa, a prática da Corrente 1, a não ser que seu instrutor sugira outra coisa.

Não obstante, tenho consciência de que dedicar 40 minutos à prática diária, em especial sem o apoio de um grupo, pode ser um verdadeiro desafio. Por essa razão, concebi uma segunda corrente de prática. A prática em casa da Corrente 2 não leva mais do que 20 minutos por dia e pode ser usada por quem segue o livro apenas no intuito de orientar seu treinamento de atenção plena e não tem acesso regular a um grupo dirigido por um professor.

O programa da prática diária para cada semana do curso é apresentado no final do capítulo de cada semana, e a orientação para a prática em casa das Correntes 1 e 2 é claramente delineada.

Por fim, se você estiver usando o livro como parte de um curso dirigido por um professor, você extrairá o máximo do curso se, depois de ler este capítulo introdutório, deixar qualquer leitura adicional para *depois* de ter participado da aula da semana com o professor. Evite leituras antecipadas, porque isso poderá prejudicar os efeitos do trabalho realizado no curso propriamente dito.

PRATICAR EM CASA É ESSENCIAL

Como você verá a partir dos resultados descritos no livro, verdadeiras mudanças são possíveis com a prática diária regular da atenção plena. O que está sendo oferecido aqui é um aumento significativo do seu nível de bem-estar e eficiência pessoal. Estou pessoalmente empenhado em ensinar a atenção plena e estimulado a fazê-lo, porque vejo mudanças efetivas ocorrerem, a cada semana, nas pessoas com as quais trabalho. Nem sempre a jornada é suave. Existem altos e baixos, e informamos às pessoas em nossos cursos públicos que a participação nos cursos de redução do estresse que oferecemos pode, às vezes, ser estressante. Afinal de contas, reservar 40 minutos por dia para encaixar as práticas não é nada fácil. Mas elas são o ponto fundamental do processo e, se você se empenhar em sua prática e se dedicar a ela com alguma regularidade, uma mudança significativa poderá ocorrer.

E eis o que é realmente maravilhoso: ao iniciar sua jornada de atenção plena, você não precisará tentar mudar a si mesmo. Na realidade, esforçar-se para alcançar resultados pode inibir o processo. Tudo o que você precisa fazer é se dedicar com frequência às práticas, e a mudança começará a surgir. Com o tempo, algumas pessoas descobrem, ao vivenciar por si mesmas a atitude de amável autoaceitação que reside na essência desse programa, o desejo de participar de mais processos de desenvolvimento apoiados nesse fundamento. Na seção "Recursos adicionais" (*consulte a página 257*), discuto algumas das numerosas opções disponíveis, mas por ora o importante é se dedicar às práticas descritas para cada semana. Na medida do possível, ponha de lado qualquer ideia de executá-las da maneira correta ou com perfeição. Essa atitude de querer se esforçar é perfeitamente normal, faz parte da nossa natureza humana, mas nesse contexto ela apenas atrapalha.

Não se esforce para executar as práticas de maneira correta. Apenas as execute.

E há outro ponto importante. Nesse curso, você não precisa obrigatoriamente apreciar as práticas. Algumas vezes você vai gostar, outras vezes não. Isso não tem importância. Você não precisa gostar delas para obter os benefícios – mas precisa se dedicar a elas.

O QUE EXATAMENTE QUEREMOS DIZER COM ATENÇÃO PLENA?

Atenção plena (ou *Mindfulness*) não é o mesmo que meditação. Meditação, em particular a "meditação da atenção plena", é um método de prática cujo resultado tenciona ser uma maior atenção plena.

Atenção plena é a qualidade da conscientização que ocorre quando prestamos atenção a nós mesmos, aos outros e ao mundo que nos cerca de uma certa maneira. Jon Kabat-Zinn (sobre quem falaremos mais adiante) se refere a ela como a conscientização que surge quando prestamos atenção de modo deliberado, no momento presente e de maneira imparcial.

Vamos examinar isso em detalhes.

A atenção plena envolve prestar atenção deliberadamente

O ato de escolher prestar atenção é mais raro do que você possa, a princípio, imaginar. Mesmo que esteja lendo estas palavras, qual o grau de sua atenção? Para a maioria de nós, o ato de ler costuma ser automático. Um impulso nos leva a pegar um livro. Nós o abrimos, começamos a ler... e nossa atenção flutua o tempo todo.

Isso não é nem certo nem errado, é apenas como nós somos. Mesmo enquanto você lia as poucas páginas até aqui, parte de sua mente deve, de modo muito natural, ter-se desviado várias vezes, envolvendo-se com outras coisas que atraíram a sua atenção. Talvez parte da sua mente tenha passado algum tempo matutando sobre um problema no trabalho ou em casa. Talvez você tenha pensado um pouco a respeito de algumas das tarefas da sua lista atual de coisas a fazer. Ou quem sabe algo que você leu despertou uma lembrança, e uma imagem vívida do passado lhe veio à mente. Talvez você tenha começado a pensar na sua próxima refeição e tenha tentado se lembrar do que havia no armário da cozinha.

Como mencionei, nada disso é certo ou errado. Trata-se apenas da maneira como a nossa mente funciona. E, quando estamos atentos, levamos uma intencionalidade e uma conscientização muito mais claras ao processo de prestar atenção. Quando estamos atentos, escolhemos – pelo menos em certa medida – para onde a nossa atenção se dirige. Prestamos atenção *deliberadamente*.

A atenção plena envolve prestar atenção no momento presente

Nossa atenção divaga e, em grande parte do tempo, perambula pelo passado ou pelo futuro. Às vezes esse processo contém elementos de ansiedade ou arrependimento. Podemos olhar para o futuro com certa expectativa ansiosa pelo que está por vir e manter uma vigilância inquieta, constantemente esquadrinhando o futuro em busca dos desafios que ele poderá trazer: encontros para os quais precisamos nos preparar, tarefas que precisamos eliminar da nossa lista – coisas que estão por vir. Ou podemos nos encontrar revendo constantemente o passado, em especial as coisas que lamentamos. Pode até haver a sensação inconsciente de que, ao fazer isso, estaremos mais bem preparados para o futuro.

Talvez haja processos evolucionários em ação aqui. É possível que tenhamos sobrevivido como espécie e nos tornado os maiores predadores do planeta em parte porque somos competentes em fazer essas coisas. Mas isso tem um preço, e esse preço pode ser a plenitude da nossa vida. Se a sua atenção está sempre no futuro ou no passado, neste momento você não está aqui. Neste momento você não está completamente vivo.

Quando você está atento, a sua atenção permanece no momento presente. No aqui e no agora.

A atenção plena não é crítica, é imparcial

Isso não significa que não fazemos julgamentos quando estamos atentos ou que deixamos, em algum momento, de distinguir o apropriado do inapropriado, o que seria tolice. Mas pense no que significa dizer que uma pessoa é "crítica". Um dicionário pode facilmente fornecer os seguintes sinônimos: condenatória, negativa, reprovadora, depreciativa, pejorativa. É uma longa lista.

A atitude imparcial da atenção plena, por outro lado, não é nem condenatória nem prejudicial. Isso contém duas dimensões.

Em primeiro lugar, há o que poderíamos chamar de dimensão da *sabedoria*, e isso envolve deixar que o que *é* o caso *seja* o caso.

Muitas vezes podemos sentir, quase de maneira instintiva, que não estamos dispostos ou que somos incapazes de fazer isso. Podemos colocar quantidades enormes de energia mental e emocional na recusa de permitir que as coisas apenas sejam como são. "Eles não deveriam ser assim!", "Aquilo não deveria ser daquele modo!", "Eu deveria ser diferente..." Mas as coisas apenas são como efetivamente são. Por mais que sejam certas ou erradas, justas ou injustas, desejáveis ou indesejáveis – elas são o que são. E somente quando conseguimos permitir que isso seja um fato – que as coisas são como são –, uma escolha pode começar a se abrir para nós. Quando deixamos que o que *é* o caso *seja* o caso, seja qual for, podemos começar a escolher como reagir a ele. O que vamos fazer a respeito do que surgiu neste momento? Qual seria o passo seguinte mais apropriado para nós e para a situação como um todo?

Quando não conseguimos deixar que o que *é* o caso *seja* o caso, ficamos imobilizados. Ficamos presos numa postura defensiva de negação e bloqueamos as possibilidades de um envolvimento mais criativo com a situação. O elemento de *sabedoria* na atitude imparcial da atenção plena abre a possibilidade de uma reação criativa mais sincera nas situações em que nos encontramos. Ele possibilita escolhas mais criativas.

Temos, então, uma dimensão da *compaixão* na atitude imparcial da atenção plena. Aqui, pelo menos em certa medida, silenciamos a nossa voz crítica interior.

Durante grande parte do tempo, muitos de nós constatamos que fazemos uma espécie de comentário crítico da nossa experiência. Às vezes, esse comentário pode ser dirigido a nós mesmos: "Não sou bom o bastante", "Não atendo aos padrões".

Quantos de nós nos achamos magros o bastante, bonitos o bastante, inteligentes o bastante, fortes o bastante, espirituosos o bastante, ricos o bastante, talentosos o bastante, rápidos o bastante... qualquer coisa o bastante?

Às vezes, voltamos esses comentários críticos aos outros, visando aparência, inteligência, adequabilidade emocional, e assim por diante. Em outras ocasiões, fazemos comentários críticos sobre o nosso ambiente imediato – de um modo ou de outro as coisas não estão certas. Nada é como deveria ser. Nada, inclusive nós mesmos, é suficiente o bastante.

O elemento da compaixão na atitude imparcial da atenção plena possibilita nos acomodarmos às coisas como são, pelo menos em certa medida. Nós nos permitimos ser nós mesmos, deixamos os outros serem quem eles são e nos acomodamos um pouco mais relaxadamente à vida como ela de fato é – com um pouco mais de aceitação e amabilidade para com nós mesmos, os outros e o mundo que nos cerca.

Entretanto, a qualidade da aceitação que emerge do treinamento da atenção plena não é uma simples passividade. Não se trata de permitirmos de modo passivo que o mundo passe por cima de nós ou de deixarmos de fazer avaliações éticas. Longe disso. O treinamento da atenção plena poderá até mesmo possibilitar que você passe a se impor de maneira mais apropriada e poderá aguçar a sua capacidade de elaborar distinções éticas. Mas tudo isso pode ser feito com sabedoria e gentileza.

Com o treinamento da atenção plena, você começa a desenvolver maior capacidade de deixar que o que *é* o caso *seja* o caso e de reagir de maneira hábil e apropriada com calorosa franqueza.

QUADRO 1: UMA PEQUENA DIGRESSÃO NA HISTÓRIA

Este livro se baseia em uma abordagem completamente secular do treinamento da atenção plena. Ele é voltado para pessoas que professam qualquer religião ou nenhuma. No entanto, durante 2.500 anos, as ideias e práticas que estão no âmago dessa abordagem eram encontradas quase que exclusivamente nos mosteiros budistas da Ásia. Até onde sabemos, Buda foi a primeira pessoa na história a usar a ideia da atenção plena como a usamos hoje em suas abordagens contemporâneas. Ele ensinava uma série de práticas de atenção plena e outros métodos no intuito de desenvolver e sustentar a atenção plena e falava longamente sobre os imensos benefícios disponíveis quando nos envolvemos nessas práticas. Essa abordagem e um corpo de ensinamentos e práticas provenientes dela continuaram a existir em uma ampla variedade de contextos monásticos budistas na Ásia mas, por 2.500 anos, as pessoas fora desse continente praticamente nada sabiam a respeito dela.

Perto do final do século XIX, isso começou a mudar quando exploradores, eruditos e administradores coloniais europeus passaram a descobrir e a converter para os seus contextos parte do que acontecia nos mosteiros asiáticos. No início, apenas um punhado deles se dedicou pessoalmente às práticas, e a penetração das abordagens da atenção plena nas culturas europeia e americana foi lenta e gradual. No entanto, ela se desenvolveu de maneira regular e recebeu um impulso na década de 1950 com o surgimento dos Beats – poetas e escritores como Allen Ginsberg, Jack Kerouac e Gary Snyder, que começaram a defender a prática. A atenção plena recebeu um impulso ainda maior nas décadas de 1960 e 1970 com o movimento psicodélico, quando pessoas como eu – *hippies* e aspirantes a *hippies* – começaram a se envolver. Entretanto, as práticas de atenção plena ainda eram, em grande medida, encontradas apenas em contextos budistas.

Perto do final da década de 1970, contudo, ocorreu uma mudança muito significativa. Grande parte dela se reduz a Jon Kabat-Zinn. Jon havia se especializado em biologia molecular e trabalhava nessa função em um hospital perto de Boston, o Centro Médico da Universidade de Massachusetts (University of Massachusetts Medical Center, UMass). Em seus dias de estudante, ele havia entrado em contato com o budismo por acaso e passado a se dedicar a uma prática de meditação diária regular. Além de seu trabalho no hospital, ele também dava aulas de yoga. Ele se dedicou a seu trabalho científico, mas duas questões não paravam de incomodá-lo. Uma delas ele expressava como: "O que vou fazer com a minha vida? Que tipo de trabalho eu amo a ponto de pagar para executá-lo?". A outra pergunta que ele fazia tinha mais a ver com os pacientes que procuravam o hospital.

Ele percebia que as pessoas iam ao hospital porque, de uma maneira ou de outra, estavam sofrendo. No entanto, perguntava ele a seus botões, quantas delas deixavam o hospital com esse sofrimento resolvido? Ao conversar sobre isso com médicos do hospital, ele chegou à conclusão de que a resposta era algo em torno de 20 por cento dos pacientes. Ele passou então a se perguntar o que o sistema estava oferecendo aos 80 por cento restantes.

Em 1979, ao participar de um retiro de meditação silenciosa, essas duas correntes de questionamento se resolveram em uma "visão", que talvez tenha durado 10 segundos, a qual Jon descreve como uma visão de conexões vívidas, quase inevitáveis, e suas implicações.

Ele reconheceu que a maneira como trabalhava naquele retiro em sua própria mente e em seus estados mentais poderia trazer enormes benefícios às pessoas que estavam sofrendo e procuravam o hospital. Ele percebeu ser possível compartilhar a essência dos ensinamentos de yoga e meditação que ele vinha praticando nos últimos treze anos com os que talvez nunca fossem a um centro budista e que nunca seriam capazes de descobrir essa essência por meio das palavras e formas usadas naqueles lugares. Ele decidiu tentar tornar as práticas e a linguagem utilizada para descrevê-las tão claras que qualquer pessoa poderia extrair benefícios delas.

Jon persuadiu a administração do hospital a permitir que ele e seus colegas ocupassem um espaço no porão, onde então desenvolveram o que logo ficaria conhecido como o programa de oito semanas de Redução do Estresse Baseada na Atenção Plena (Mindfulness-Based Stress Reduction, MBSR). Ele e seus colegas colaboraram para o desenvolvimento de um vocabulário contemporâneo capaz de abordar a essência da questão sem fazer referência a aspectos culturais das tradições que deram origem a essas práticas.

Jon tinha a formação de um cientista e conhecia o valor da pesquisa, de modo que ele e seus colegas pesquisaram os efeitos de seu programa sobre os pacientes e, pouco a pouco, o que é hoje um acervo considerável de evidências de pesquisa sobre a eficácia do treinamento começou a emergir. Na ocasião em que escrevo estas linhas, existem milhares de trabalhos revisados por especialistas que investigam os efeitos do treinamento da atenção plena. Se você tiver interesse neles, encontrará um amplo banco de dados em www.mindfulexperience.org.

Logo ficou claro que o treinamento de MBSR possibilitava às pessoas lidarem muito melhor com a dor crônica. Elas também se tornavam mais capazes de administrar os diversos estressores que acompanhavam os problemas que as conduziam ao hospital, independentemente de quais fossem eles. A pesquisa indica que o programa tem êxito ao ajudar as pessoas a lidar com dificuldades e, na ocasião em que escrevo estas linhas, mais de 20 mil pessoas concluíram o curso de oito semanas na própria UMass. Mais de 740 centros médicos acadêmicos, hospitais, clínicas e programas independentes oferecem a MBSR para o público ao redor do mundo, e o interesse no treinamento da atenção plena continua a aumentar, tendo em vista que se tornou cada vez mais claro que não apenas o estresse e a dor crônica são positivamente afetados quando aprendemos a trabalhar com a atenção de uma maneira diferente.

Mudanças biológicas também começaram a aparecer nas pesquisas. Uma ocorrência inicial desse fato foi a descoberta de que, entre os pacientes que procuravam o hospital para tratamento de psoríase, os sintomas dos que participavam do curso de MBSR concomitante ao tratamento desapareciam cerca de 50 por cento mais rápido do que os dos que não faziam o curso. Isso pareceu indicar que o que as pessoas estavam fazendo com a mente, o trabalho que estavam realizando com a atenção, estava mudando o corpo delas.

A compreensão da maneira pela qual o treinamento da atenção plena nos afeta biologicamente recebeu um impulso adicional quando os neurocientistas começaram a investigar seus efeitos.

Parte dessa história recua a 1992, quando um pequeno grupo de neurocientistas encabeçados pelo Professor Richard Davidson e auxiliados por Alan Wallace, um ocidental especialista em budismo, viajou para Dharamsala, nos contrafortes das montanhas do Himalaia, na Índia, em uma espécie de expedição neurocientífica. Eles queriam conhecer alguns dos meditadores eremitas budistas tibetanos que viviam nos morros acima da cidade, na esperança de recrutar entre eles um grupo de exímios meditadores – pessoas que haviam dedicado dezenas de milhares de horas à prática da meditação. Os neurocientistas queriam estudar o padrão de atividade cerebral desses meditadores e estavam particularmente interessados nos hábitos de pensamento e sentimento que eles exibiam quando não estavam meditando. Se esses hábitos demonstrassem que os meditadores tinham características habituais fora do comum, elas poderiam refletir mudanças funcionais permanentes que teriam ocorrido em seu cérebro em decorrência do treinamento mental.

Essa primeira incursão fracassou. Para começar, os yogues não ficaram nem um pouco impressionados com o que lhes pareceram perspectivas desinformadas e ingênuas dos cientistas sobre a meditação. "Parecíamos homens primitivos de Neandertal para eles", explicou Alan Wallace, que ajudou a promover os encontros.

Os cientistas não obtiveram nenhuma informação aproveitável naquela viagem. No entanto, tinham tido um começo e, com a ajuda do Dalai Lama, em 2001 uma série de monges budistas com mantos marrons começou a se dirigir ao Laboratório de Neurociência Afetiva de Davidson, em Madison, Wisconsin, para meditar com toucas de EEG (eletroencefalografia) na cabeça, que já era raspada. Esses monges eram atletas de meditação "de nível olímpico", com uma bagagem de muitos anos de prática intensiva. Os resultados foram espantosos. Os especialistas em meditação exibiram padrões de atividade cerebral nunca antes medidos pela ciência. Vamos examinar com detalhes algumas dessas descobertas na Terceira Semana. Elas são particularmente interessantes porque, a partir delas, cientistas foram incentivados a investigar as mudanças que poderiam se manifestar em pessoas que não tivessem nenhuma experiência anterior em meditação e fizessem um curso de treinamento de atenção plena de oito semanas. Nesse caso, eles descobriram (e as pesquisas continuam a descobrir) mudanças bastante significativas nos padrões de ativação cerebral – e até mesmo mudanças na estrutura física do cérebro –, resultado de apenas oito semanas de treinamento em atenção plena.

QUADRO 2: TERAPIA COGNITIVA BASEADA NA ATENÇÃO PLENA

Um evento importante no desenvolvimento do treinamento secular da atenção plena ocorreu por volta de 1992, quando o diretor de uma rede de pesquisas de psicologia clínica pediu a três eminentes psicólogos cognitivos – Zindel Segal, Mark Williams e John Teasdale – que desenvolvessem uma terapia de grupo para o tratamento da depressão reincidente.

A depressão significativa é um distúrbio altamente incapacitante. Além de dor e angústia emocional, as pessoas deprimidas vivenciam níveis elevados de deterioração funcional comparável ao encontrado em doenças graves – entre elas o câncer e doenças cardiovasculares –, e uma projeção da Organização Mundial da Saúde indica que, de todas as doenças, a depressão será responsável pelo segundo maior ônus de problemas de saúde no mundo inteiro já em 2020.

Aproximadamente uma em dez pessoas na Europa e na América do Norte terá uma depressão grave em algum momento da vida. Em algumas partes da população, essa proporção chega a ser de uma em quatro pessoas. Além disso, depois de um mínimo de três episódios sérios, a chance de reincidência da depressão é de 67 por cento.

Em 1992, os dois tratamentos que pareciam mais eficazes para as pessoas com reincidência de depressão eram a terapia cognitivo-comportamental (TCC) individualizada ou doses de manutenção de antidepressivos. Ambas são relativamente dispendiosas. E nem todo mundo pode ter sessões individuais de TCC, uma vez que a disponibilidade de terapeutas treinados é limitada. A intervenção economicamente viável e eficaz de grupo se revelou, portanto, urgente.

A fim de entender a abordagem adotada por Segal, Williams e Teasdale e por que eles a adotaram, será útil examinar um cenário descrito por eles no primeiro livro que publicaram: *Mindfulness-Based Cognitive Therapy for Depression.*

Mary sai do trabalho e chega em casa. Está cansada para relaxar e passa a noite assistindo à televisão. No entanto, há uma mensagem do seu parceiro na secretária eletrônica dizendo que ele vai chegar tarde do trabalho. Ela fica zangada, desapontada e irritada. Em seguida, começa a imaginar que ele a está traindo. Mary afasta essa ideia, que, no entanto, volta com mais força quando ela imagina ter ouvido risos em segundo plano na mensagem. Ela fica nauseada, e as coisas não param por aí. Sua mente começa a evocar imagens de um futuro indesejado – advogados, tribunais, a necessidade de comprar outra casa, viver na pobreza. Ela se sente cada vez mais transtornada à medida que sua raiva começa a se transformar em depressão. Ela "sabe" que todos os amigos comuns do casal irão abandoná-la e ficar do lado dele. Lágrimas escorrem por seu rosto, enquanto ela se pergunta o que deve fazer. Sentada na cozinha, pergunta a si mesma: "Por que isso sempre acontece comigo?", e tenta descobrir por que sempre reage da mesma maneira.

Mary tem uma avalanche de pensamentos, sentimentos e sensações. No entanto, não foi apenas a questão negativa que a fez ficar transtornada, tampouco a maneira com que ela se viu tentando lidar com isso. Mais exatamente, é como se um *estilo mental* – uma complexa configuração de disposições de ânimo, pensamentos, imagens, impulsos e sensações corporais – tivesse sido introduzido nela em resposta à situação. Esse estilo mental inclui tanto o conteúdo negativo *quanto* a tendência de Mary de lidar com ele por meio da ruminação.

Assim como Mary, as pessoas vulneráveis à depressão podem passar grande parte de seu tempo e gastar sua energia remoendo a experiência: "Por que eu me sinto dessa maneira?". Ao pensar sobre seus problemas e o sentimento de inadequação pessoal, elas reviram repetidamente as coisas na cabeça na tentativa de encontrar soluções e maneiras de reduzir a angústia. No entanto, como ressaltam Segal, Williams e Teasdale, os métodos usados para alcançar esse objetivo são tragicamente contraproducentes. Na realidade, quando estamos deprimidos, ruminar – pensar sobre aspectos negativos de nós mesmos ou de situações problemáticas – perpetua a depressão, em vez de resolvê-la.

Parece que, nos momentos em que estamos com uma disposição de ânimo negativa, antigos hábitos de pensamento se ativam automaticamente, o que tem duas consequências: primeiro, nosso raciocínio passa a percorrer uma rotina desgastada, a qual não conduz a um caminho que nos faz sair da depressão; segundo, esse modo de pensar intensifica a disposição de ânimo depressiva, e isso conduz a uma maior ruminação. Desse modo, uma série de ciclos viciosos que se autoperpetuam pode causar um humor depressivo temporário brando, que rapidamente se degenera em uma depressão grave e incapacitante.

Na opinião de Segal, Williams e Teasdale, a tarefa para prevenir a reincidência, portanto, era descobrir uma maneira de ajudar os pacientes a abandonar a ruminação negativa que se autoperpetuava quando eles se sentiam tristes ou em outras ocasiões de possível recaída.

Enquanto eles se dedicavam à análise dessas questões, John Teasdale, que tinha um interesse pessoal antigo pela meditação, lembrou-se de uma palestra budista a que havia comparecido vários anos antes, na qual o palestrante enfatizara que não é a experiência em si que nos torna infelizes, e sim o nosso *relacionamento* com a experiência. Esse é um aspecto fundamental da meditação da atenção plena, na qual você aprende – entre outras coisas – a se relacionar com seus pensamentos apenas como pensamentos. Em outras palavras, você aprende a encará-los apenas como eventos mentais, em vez de como "a verdade" ou "eu".

John reconheceu que essa maneira de nos "descentralizarmos", ou seja, de nos removermos do centro dos pensamentos negativos, de nos afastarmos levemente deles e os presenciarmos apenas como um *aspecto* da experiência, em vez de mergulharmos por completo neles como sendo toda a experiência, poderia ser uma solução.

Mas como seria possível ensinar isso às pessoas?

Uma colega americana, Marsha Linehan, que visitava John Teasdale e Mark Williams na Unidade de Psicologia Aplicada do Conselho de Pesquisa Médica, em Cambridge, forneceu uma pista vital. Além de lhes descrever seu trabalho em ajudar os pacientes a se descentralizar, ela lhes recomendou o trabalho que estava sendo realizado na UMass por Jon Kabat-Zinn. Ao examiná-lo, eles se depararam com o seguinte trecho de um dos livros de Jon:

> A sensação de liberdade que sentimos ao ser capazes de perceber que nossos pensamentos são apenas pensamentos e que eles não são "nós" ou "a realidade" é extraordinária... O simples ato de reconhecer nossos pensamentos como *pensamentos* pode nos libertar da realidade distorcida que eles frequentemente criam e possibilitar mais perspicácia e um maior sentimento de maneabilidade em nossa vida.

Segal, Williams e Teasdale entraram em contato com Kabat-Zinn e sua Clínica de Redução do Estresse no Centro Médico da UMass, começaram a se envolver de várias maneiras com o programa dele e, em grande medida com base nele, formularam seu próprio programa de oito semanas da Terapia Cognitiva Baseada na Atenção Plena (MBCT). Embora de muitas maneiras semelhante à Redução do Estresse Baseada na Atenção Plena (MBSR) de Kabat Zinn, a MBCT contém elementos de terapia e teoria cognitiva que tratam das vulnerabilidades e de fatores exacerbantes específicos que tornam a depressão recorrente.

A própria MBCT foi originalmente concebida para as pessoas vulneráveis à depressão. Depois, versões diferentes dela foram desenvolvidas no intuito de ajudar variados problemas: o transtorno obsessivo-compulsivo, os distúrbios alimentares, o uso de drogas, a lesão cerebral traumática, a obesidade e o transtorno bipolar, entre outros.

Quando se trata de depressão, os resultados de várias experiências controladas aleatórias sugerem que, para pessoas vulneráveis à depressão recorrente, um curso de MBCT poderá reduzir mais ou menos à metade a taxa de reincidência e, quando esta ocorre, as pessoas com treinamento em MBCT parecem vivenciá-la com menos gravidade.

QUADRO 3: COMO O CURSO QUE É A ESSÊNCIA DESTE LIVRO FOI FORMULADO?

Minha história com a atenção plena
Tenho uma formação budista. Nasci na África do Sul, mas, por não conseguir me ajustar ao regime do *apartheid*, deixei o país aos 18 anos e fixei residência na Inglaterra. Motivado a encontrar uma estrutura de valores da qual eu pudesse depender e um entendimento de como o mundo funcionava, formei-me em filosofia pela Universidade East Anglia, em Norwich. Entretanto, isso não satisfez minha necessidade. No último ano do curso, contudo, tive a sorte de conhecer um budista praticante dedicado que havia ido para a cidade fundar um centro budista. Ele me ensinou a meditar, e isso mudou tudo. Eu me comprometi a dedicar o resto da minha vida à meditação, ao estudo, aos retiros e, com o tempo, a ensinar outras pessoas.

Algumas vezes morei em centros de retiro, outras em comunidades residenciais budistas estabelecidas em cidades e, aos poucos, passei a lecionar e publicar livros sobre budismo (usando meu nome budista: Kulananda). Achei que assim seria a minha vida. Por vários anos fiz uma espécie de digressão do mundo dos negócios. Fundei, com alguns amigos budistas, uma empresa de comércio justo do "meio de vida correto", que lidava com o artesanato de países em desenvolvimento. Com o tempo, a empresa se tornou bastante bem-sucedida. No auge do sucesso, ela chegou a empregar cerca de 200 pessoas, teve vendas em torno de 10 milhões de libras por ano e doava seus lucros anualmente – com frequência quantias substanciais – para várias instituições budistas beneficentes. No entanto, constatei que administrar uma empresa não era o que eu realmente queria fazer, de modo que, em 1988, voltei a ter uma vida mais baseada em ensinar, estudar e meditar.

Entretanto, em 2002, mais de vinte e cinco anos depois da minha introdução à meditação, comecei a sentir a necessidade de realizar outra mudança e procurei uma forma de treinamento que se apoiaria em minha experiência, mas possibilitaria que eu ganhasse a vida. Pensei em fazer um treinamento em psicoterapia. Afinal de contas, eu havia passado muitos anos dedicando-me ao aconselhamento pastoral. Certo dia, enquanto fazia uma busca na internet, deparei-me com um programa de mestrado oferecido pela Universidade Bangor, no País de Gales. O programa fora originalmente criado pelo Professor Mark Williams, um dos fundadores da MBCT, com a intenção de treinar uma série de pessoas que pudessem levar a atenção plena a vários ambientes clínicos. Essa me pareceu uma combinação perfeita. Ingressei no programa e me formei em 2006.

A leitura de *Mindfulness-Based Cognitive Therapy for Depression* – um dos textos básicos em Bangor – representou para mim uma profunda revelação. Ali, pela primeira vez vi a reunião de duas grandes correntes tradicionais: a psicologia budista, que de forma implícita inspira grande parte do que é encontrado no livro, e a psicologia ocidental, fundada na tradição do método científico, que o influencia de modo explícito. A psicologia budista tradicional, em sua melhor forma, se baseia em uma investigação detalhada e erudita dos elementos da experiência revelados por um empenho coletivo de profunda introspecção ao longo de mais de mil anos. Ao mergulhar na meditação nas profundezas de suas próprias mentes, os eruditos que fundaram a psicologia budista nos oferecem ideias bastante valiosas sobre os mecanismos da consciência e do funcionamento da percepção e da experiência. Por outro lado, a psicologia ocidental, em sua melhor forma, traz para suas investigações um método científico altamente sofisticado e uma comunidade científica bem desenvolvida.

Em *Mindfulness-Based Cognitive Therapy for Depression*, divisei os primórdios do que poderia ser alcançado quando essas duas correntes começassem a atuar juntas. Senti-me profundamente inspirado pela maneira como os autores esclareceram alguns dos processos psicológicos interiores em ação no grupo de clientes no qual estavam interessados. Quando compreendemos os processos que nos motivam e formam nossa experiência, temos uma chance muito maior de nos libertar do domínio inconsciente deles. A intercessão da atenção plena com a ciência ocidental, pelo que pude observar, abria enormes possibilidades para a liberdade e o desenvolvimento humanos.

Além de apreciar a acuidade psicológica que eu estava descobrindo, também me senti muito inspirado pela natureza secular dos treinamentos oferecidos pela MBSR e pela MBCT. Desde que descobri por mim mesmo a atenção plena e práticas associadas, passei a ter a forte convicção de que elas oferecem algo que está intensamente ausente na sociedade contemporânea. Ali, enfim, estava um veículo que possibilitava levar algumas daquelas práticas e seus benefícios ao mundo mais amplo, sem vínculos obrigatórios. Adoro a liberdade e a abertura dessa proposta. Você não precisa ser budista ou endossar qualquer sistema de referência religioso para obter esses benefícios. O que antes era ensinado sobretudo em centros budistas e locais semelhantes poderia agora se tornar amplamente disponível a qualquer pessoa que quisesse experimentar.

Enquanto eu terminava meu treinamento em Bangor, tive a grande sorte de ser apresentado a John Teasdale, um dos fundadores da MBCT, que reside – assim como minha esposa e eu – em Cambridge. John e eu pegamos o programa de atenção plena com o qual eu estivera trabalhando em Bangor, um híbrido da MBSR e da MBCT, e o ajustamos de maneira particular para o estresse. Então passamos algum tempo lecionando esse programa, com nosso colega Ciaran Saunders, em cursos públicos oferecidos em Cambridge. Fizemos gravações em vídeo de cada sessão em que ensinamos e, entre as sessões, nós três nos reuníamos, assistíamos a essas gravações e discutíamos sobre o que estávamos fazendo, sobre o que estava funcionando e o que não estava dando tão certo. Essa foi uma das experiências de aprendizado mais esplêndidas de todo o meu envolvimento no processo de ensino da atenção plena.

Pouco depois de me formar, fui convidado a ingressar na equipe de professores do Centro de Pesquisa e Prática de Atenção Plena da Escola de Psicologia de Bangor. Hoje sou palestrante honorário do centro e por muitos anos lecionei um módulo no programa de mestrado e também dirigi, com outras pessoas, retiros de treinamento de professores.

Em 2006, fundei uma empresa de treinamento da atenção plena, a Mindfulness Works Ltd., e tenho conduzido com meus sócios muitos cursos públicos em Londres e em outros lugares, com base no que aprendi em Bangor e desenvolvi com John.

Porém meu interesse no mundo do trabalho e dos negócios nunca desapareceu e dei comigo cada vez mais atraído por essa área. Parte desse interesse acontece por causa do que sempre encontro em meus cursos públicos.

A sensação que os cursos públicos de MBSR que eu ofereço me transmitem é que, no caso de uma proporção muito grande dos participantes, a maior fonte de estresse e angústia na vida deles é proveniente do que eles enfrentam diariamente no trabalho. Estou convencido de que, se pudermos treinar mais líderes dedicados, se pudermos criar mais locais de trabalho conscientes, poderemos causar um enorme impacto nos níveis gerais de bem-estar em nossa sociedade.

Escrevi um livro sobre esse tema – *The Mindful Workplace* – e passei a lecionar cada vez mais em contextos de locais de trabalho e de liderança, tendo continuado também a oferecer os cursos públicos. Mais recentemente, tornei-me professor adjunto da Escola de Negócios IE, em Madri, e me sinto honrado por fazer parte de um corpo docente extraordinário e lecionar um curso de mestrado em liderança positiva e estratégia (EXMPLS) para executivos, cujo ponto focal é o treinamento da atenção plena. Atraímos um corpo discente dinâmico e de alto nível do mundo inteiro, e fico bastante emocionado sempre que encontro os alunos para ver as mudanças ocasionadas por seu envolvimento cada vez mais profundo com a prática da atenção plena.

QUADRO 4: OS EFEITOS DO TREINAMENTO DA ATENÇÃO PLENA

A atenção plena é encontrada em tantos contextos diferentes hoje em dia porque ela funciona. A diversidade de abordagens e aplicações é extraordinária. O NICE, que orienta o Serviço Nacional de Saúde do Reino Unido sobre a prestação de serviços clínicos, a recomenda como um tratamento de primeira linha nos casos de depressão reincidente. O Corpo de Fuzileiros Navais dos Estados Unidos, por outro lado, descobriu que ela ajuda os soldados a manter a flexibilidade mental, a clareza cognitiva e emoções apropriadas em situações de pressão. Algumas pessoas usam a atenção plena para ajudá-las a lidar com a dor crônica, e pesquisas apresentam evidências interessantes de sua eficácia nesses casos. Outras a procuram porque querem ser mais concentradas e eficazes no trabalho, ou porque desejam ser mais resilientes ou mais empáticas.

Independentemente da maneira ou da razão pela qual você procure o treinamento da atenção plena, há um grande conjunto de evidências segundo as quais, com apenas oito semanas de treinamento, mudanças realmente substanciais são possíveis.

Hoje em dia existe um considerável e crescente grupo de evidências de pesquisas em torno da eficácia do treinamento da atenção plena. Cerca de 40 trabalhos de pesquisa revisados por especialistas surgem todo mês. Não vou tentar resumir todas essas evidências aqui, mas a Mental Health Foundation, do Reino Unido, autorizou um relatório que examinou os benefícios para a saúde do treinamento da atenção plena. Seu *Mindfulness Report* de 2010 assinalou que evidências provenientes de pesquisas sobre a atenção plena e o bem-estar mostram que a atenção plena confere benefícios importantes à saúde, ao bem-estar e à qualidade de vida em geral:

- De acordo com o relatório, as pessoas mais atentas têm menos probabilidade de sentir angústia emocional, inclusive depressão e ansiedade. Elas são menos neuróticas, mais extrovertidas e relatam maior bem-estar e satisfação com a vida.
- Elas têm mais consciência, entendimento e aceitação de suas emoções e se recuperam mais rapidamente das disposições de ânimo negativas.
- Elas têm pensamentos negativos com menos frequência e são mais capazes de se desfazer deles quando surgem.

- Elas têm autoestima mais elevada e mais estável, que depende menos de fatores externos.
- Elas desfrutam de relacionamentos mais satisfatórios, se comunicam melhor e ficam menos perturbadas com os conflitos de relacionamento; também têm menos probabilidade de ter pensamentos negativos a respeito do parceiro em decorrência do conflito.
- A atenção plena está associada à inteligência emocional, a qual, por sua vez, tem sido associada a habilidades sociais favoráveis, à capacidade de cooperação e ao dom de enxergar a perspectiva de outra pessoa.
- As pessoas atentas também estão menos propensas a reagir de maneira defensiva ou agressiva quando se sentem ameaçadas. A atenção plena parece aumentar a autoconsciência e está associada a uma maior vitalidade.
- Ser mais atento está relacionado a um sucesso maior na consecução de metas acadêmicas e pessoais.
- Tem sido repetidamente comprovado que a prática da meditação melhora a atenção das pessoas, bem como o desempenho, a produtividade e a satisfação no emprego, e possibilita, ainda, melhores relacionamentos com os colegas, o que resulta na redução do estresse relacionado ao trabalho.
- As pessoas atentas se sentem mais no controle de seu comportamento e são mais capazes de neutralizar ou modificar pensamentos e sentimentos interiores, além de se abster de agir sob impulso.
- Em um sentido mais amplo, as práticas de meditação têm-se revelado capazes de aumentar o fluxo sanguíneo, reduzir a pressão arterial e proteger as pessoas que correm o risco de desenvolver hipertensão; também tem sido demonstrado que

- elas reduzem o risco de as pessoas desenvolverem e morrerem de doenças cardiovasculares e diminuem a gravidade da doença cardiovascular quando ela surge.
- As pessoas que meditam dão menos entrada no hospital por causa de doenças cardíacas, câncer e doenças infecciosas, além de procurar o médico com metade da frequência que as pessoas que não meditam.
- A atenção plena pode reduzir um comportamento habitual, e foi constatado que, de um modo geral, as práticas de meditação ajudam a reduzir o uso de drogas ilegais, medicamentos de venda controlada, álcool e cafeína.

Pesquisa neurocientífica

Também sabemos que o treinamento da atenção plena tem um impacto significativo em como o cérebro é moldado, programado e ativado. Depois de apenas oito semanas de treinamento da atenção plena, sabemos, com base em estudos independentes, que uma pessoa pode esperar:

- maior concentração de massa cinzenta cerebral em áreas associadas à atenção prolongada, à regulação emocional e à tomada de perspectiva;
- maior espessura cortical;
- reduzida ativação da amígdala – a amígdala é um componente fundamental do sistema de detecção de ameaças do cérebro; quando ela está menos ativa, você se sente mais à vontade consigo mesmo e com os outros;
- mais atividade no córtex pré-frontal esquerdo e menos atividade no córtex pré-frontal direito; a razão da ativação pré-frontal do lado esquerdo é um bom indicador de felicidade e bem-estar

global – se o pré-frontal esquerdo estiver mais ativo, você ficará mais propenso a vivenciar níveis mais elevados de bem-estar;
• maior capacidade de memória operacional – a memória operacional é o sistema que mantém a informação na mente para a execução de tarefas, como o raciocínio e a compreensão, bem como a fim de torná-la disponível para um processamento posterior de informações. As medidas da capacidade da memória operacional estão fortemente relacionadas com o sucesso no desempenho de tarefas cognitivas complexas. A memória operacional também é um componente fundamental na regulação da emoção e ela é reduzida pelo estresse agudo ou crônico.

As habilidades que emergem do treinamento da atenção plena começam a ser gradualmente reconhecidas como habilidades cruciais da vida. Na realidade, todos deveríamos tê-las aprendido na escola, e é bastante animador que programas para crianças e jovens adultos, como o .b e o programa desenvolvido por meus colegas na Universidade Bangor, estejam começando a chegar às escolas. A maioria de nós perdeu essa chance, mas felizmente nunca é tarde para aprender.

Às vezes começo meus programas perguntando quantas pessoas na sala acham que o treinamento físico regular pode ser crucial para a saúde e o bem-estar. Todo mundo levanta a mão. Depois, pergunto quantas pessoas acham que o treinamento mental regular pode ser crucial para a saúde e o bem-estar. Em seguida, ressalto que, se eu tivesse feito a pergunta sobre o treinamento físico a um público amplo no século XIX, pouquíssimas pessoas teriam levantado a mão. Na verdade, mesmo em 1970, quando a maratona de Nova York foi realizada pela primeira vez, com 127 participantes, dos quais menos da metade concluiu o percurso, acreditava-se que apenas alguns milhares de pessoas nos Estados Unidos tinham a capacidade de correr uma maratona. Em 2010, 44.829 concluíram o percurso – um recorde mundial para uma maratona –, e todos os anos dezenas de milhares de potenciais concorrentes não têm sorte no sorteio para os lugares na largada.

Houve uma mudança de paradigma em nossa atitude cultural com relação à boa forma física.

Agora estamos à beira de outra mudança de paradigma. Começamos a reconhecer a importância do que poderíamos chamar de boa forma mental e emocional e a ver que treinamento podemos realizar para desenvolver isso.

Quando você fica mais versado em trabalhar com a mente e com estados mentais, as coisas caminham melhor, tanto para você quanto para todos os que o cercam.

Antes de começar o curso

Você lerá a respeito de uma série de diferentes práticas de atenção plena em cada capítulo deste livro. Se estiver usando o livro como um manual do tipo faça você mesmo para o curso de oito semanas, é melhor realizar as práticas na ordem em que elas são descritas.

Com esse intuito, se possível, é bom realizar a leitura em um momento e um lugar em que a probabilidade de você ser perturbado seja a menor possível. Também será proveitoso se você for capaz de se dedicar a algumas das meditações na ordem em que elas são ensinadas. Algumas vezes, onde indicado, talvez seja interessante você deixar o livro de lado e ouvir o material de áudio específico. O nome da faixa e o tempo de duração são mostrados no lugar apropriado do texto.

Como você realizará diferentes meditações de quando em quando, será interessante ter acesso a uma cadeira com espaldar reto, como uma cadeira de cozinha, ou um banco ou uma almofada de meditação caso queira meditar sentado no chão. Falarei mais sobre as posturas para a meditação sentada quando chegarmos a essa parte do curso.

Para a Primeira Semana, que começa no próximo capítulo, você precisará de outros equipamentos.

Você terá a opção de realizar uma das meditações deitado no chão, de modo que talvez seja interessante ter um tapete ou uma esteira à mão.

E a nossa primeira meditação será uma meditação alimentar. No entanto, não vamos comer muito, na verdade apenas uma uva-passa. Irei fornecer uma orientação relativamente detalhada sobre como fazer isso na forma de uma meditação alimentar. Assim sendo, se você pretende continuar a leitura, agora é um bom momento para buscar uma passa. Se você não tiver nenhuma à mão, um pedaço bem pequeno de qualquer fruta ou hortaliça que você possa comer servirá como substituto.

PRIMEIRA

SEMANA

PILOTO AUTOMÁTICO

Vamos começar esta semana com a meditação alimentar que mencionei na introdução. Ao comer apenas uma pequena passa, de maneira atenta, espero que você obtenha um senso mais profundo do que é a atenção plena. Então tenha à mão a sua passa ou um pedaço pequeno de uma fruta ou hortaliça e prepare-se para ouvir "Exercício da Uva-passa" (⬇1 ⏱5min.) em seu equipamento de áudio.

Se você não quiser escutar o exercício agora, poderá ler sobre ele no Quadro 1.

Se for ouvir o áudio, assuma uma posição ereta e alerta, porém relaxada, deixe a passa ou o que quer que esteja usando no lugar dela descansar na palma da mão e toque o áudio agora.

QUADRO 1: EXERCÍCIO DA UVA-PASSA

Pegue uma única uva-passa e vá para um lugar tranquilo, onde possa se sentar por 5 minutos e dedicar toda a sua atenção a este exercício.

1. SEGURAR
   - Deixe que a passa descanse na palma da sua mão. Passe alguns momentos conscientizando-se do peso dela.

- Conscientize-se, então, da temperatura da passa, de qualquer sensação de calor ou frio que ela possa ter.

2. OLHAR

    - Dedique toda a sua atenção à passa, olhando bem para ela.
    - Conscientize-se do padrão de cor e forma que a passa assume, enquanto descansa na palma da sua mão, quase como uma pintura abstrata.

3. TOCAR

    - Da melhor maneira possível, conscientizando-se da sensação de movimento em seus músculos ao fazer isso, pegue a passa com o polegar e o indicador da outra mão.
    - Explore a textura externa da passa enquanto a rola de maneira bastante suave entre o polegar e o indicador.
    - Pressione-a com leveza e repare que isso poderá lhe transmitir uma sensação ligada à textura interna da passa.
    - Observe que você talvez só consiga sentir essa diferença com o polegar e o indicador – a textura interna e a textura externa.

4. VER

    - Levante a passa até um ponto em que você possa de fato se concentrar nela e comece a examiná-la ainda mais detalhadamente.
    - Observe os pontos mais luminosos e as sombras. Veja como esses pontos mudam quando ela se move na luz.
    - Observe como as facetas dela aparecem e desaparecem – como ela pode ter saliências e depressões e como isso pode se modificar.

5. SENTIR O CHEIRO

- Conscientizando-se outra vez do movimento de seus músculos, comece a levar a passa à boca lentamente.
- Quando ela passar por seu nariz, você talvez se conscientize da fragrância dela. A cada inalação, explore essa fragrância.
- Conscientize-se de quaisquer mudanças que possam acontecer em sua boca ou seu estômago, talvez um pouco de salivação.

6. COLOCAR NA BOCA

- Leve a passa aos lábios. Explore a delicada sensação do tato nesse local.
- Agora coloque-a na boca, mas não a mastigue.
- Apenas deixe que ela descanse em sua língua e observe qualquer leve sabor que possa estar presente – ou, talvez, não estar.
- Sinta o contato que a passa talvez faça com o céu da boca.
- Agora coloque-a entre seus dentes de trás e apenas deixe que ela descanse ali – ainda sem a mastigar.
- Observe quaisquer ânsia e impulso no corpo.

7. PROVAR

- Agora dê uma leve mordida. Apenas uma. Observe qualquer sabor.
- Em seguida, dê outra mordida. Repare em qualquer mudança no sabor.
- A seguir, mais uma mordida, e depois outra.

8. MASTIGAR

- Agora mastigue devagar, bem devagar.
- Conscientize-se do som, da textura, do sabor e das mudanças.

- Continue a mastigar dessa maneira, bem devagar, até que praticamente não haja mais nada para mastigar.

9. ENGOLIR

- Quando não houver quase nada mais a mastigar, engula. Veja se consegue se conscientizar da intenção de engolir quando ela surgir pela primeira vez.

10. TERMINAR

- Acompanhe o que resta da passa, enquanto ela desce na direção do estômago e você a perde de vista por completo.

Como seu corpo se sente agora que você concluiu o exercício?
O que você notou que pode não ter percebido antes?

Não há como dizer o que você descobrirá ao realizar este exercício. Somos todos diferentes e todos nos aproximamos do processo com nossas histórias e maneiras exclusivas de ver as coisas. O importante aqui é que você apenas deixe que sua experiência de fazer o exercício seja o que foi – não existe uma maneira certa ou errada de fazê-lo. O fundamental é que você se conscientize e reflita sobre o que experimentou de fato. Como foi a experiência para você, detalhadamente?

Agora você talvez queira passar alguns momentos ponderando a experiência em sua mente. O que você notou enquanto realizava o exercício? Se poucas coisas lhe vierem à mente, eis algumas que você talvez queira considerar:

- O que mais o impressionou neste exercício?
- Qual foi a sensação da passa na palma da sua mão?

- O que você notou ao examinar a cor e a forma dela?
- O que você notou ao explorá-la com os dedos?
- E quando a examinou mais atentamente?
- Havia algum aroma? Como ele era?
- Qual foi a sensação da passa em sua boca?
- Você teve consciência de algum impulso enquanto a passa estava entre seus dentes de trás *antes* de começar a mordê-la e mastigá-la?
- Caso tenha tido, como foi sentir o impulso e não o seguir?
- Como foi a primeira mordida?
- E a segunda?
- Que som você ouviu enquanto mastigava?
- Como era o sabor da passa?
- O que você sentiu ao comer uma passa tão devagar?
- Alguma outra coisa?

Isso não é uma atividade para tentar *recordar* os detalhes do exercício. Trata-se apenas de observar o que você notou.

Algumas pessoas acham a experiência profundamente agradável: "Eu nunca soube antes qual era o gosto de uma passa!". Outras a consideram desagradável: "Eu pensei que gostava de passa, mas descobri que detesto o gosto dela – a casca era muito amarga. Eu nunca havia notado isso antes". Às vezes, as pessoas dizem o oposto: "Não gosto de passa, e não estava nada animado com a experiência, mas ela não foi nem um pouco ruim. Na realidade, até gostei". Algumas pessoas fazem comentários a respeito da forma, do contato, da cor ou de como o cheiro evocou antigas lembranças. Outras constatam que sua mente divagou e pensou em outras coisas – talvez coisas despertadas pelos elementos da experiência. Outras descobrem, ainda, que não experimentaram muita coisa.

Temos experiências muito diferentes – algumas agradáveis, outras desagradáveis. Mas quer tenha sido agradável ou desagradável, quer tenha havido muitas ou poucas experiências, quer você tenha permanecido concentrado no exercício ou sua mente tenha divagado o tempo todo, é irrelevante neste contexto. O exercício envolve apenas *notar* o que você experimentou.

Na maior parte das vezes, quando comemos uma passa, nós o fazemos em uma espécie de piloto automático. Podemos até mesmo comer um punhado de passas de uma vez, enquanto assistimos à televisão, arrumamos as crianças para a escola, dirigimos, conversamos com alguém, e assim por diante – e não notamos qual a sensação delas em nossa mão, a aparência delas, qual o cheiro e o gosto delas.

Deixamos escapar essas coisas, mas nos viramos. Na condição de seres humanos, temos essa extraordinária capacidade de realizar coisas às vezes bastante complexas no piloto automático, sem precisar reparar bem no que estamos fazendo.

Alguma vez você já dirigiu por 50 quilômetros na estrada e depois se perguntou "Como vim parar aqui?". Quase todos os motoristas já tiveram essa experiência. Às vezes é como se dirigíssemos completamente no piloto automático. Isso é extraordinário porque, se você parar para pensar, dirigir um carro é uma atividade potencialmente letal. Se você estiver dirigindo em uma via expressa, digamos na pista central, a 110 quilômetros por hora, poderá haver caminhões enormes viajando a 95 quilômetros por hora na pista de dentro e carros potentes na pista de fora voando entre 130 e 160 quilômetros por hora. Um movimento brusco do volante em qualquer direção e você pode morrer e certamente causar um caos. No entanto, você consegue fazer isso de modo automático, o tempo todo pensando, planejando, sonhando ou imaginando coisas – e mal participando da viagem. Nós fazemos isso e não vivemos encontrando um completo massacre em nossas estradas. Os seres humanos são mesmo competentes no que diz respeito ao piloto automático.

Quando começou a dirigir, você não era capaz de fazer isso. No início, tudo é bastante desajeitado e você não consegue pensar muito sobre um trabalho complexo que precisa ser entregue na semana seguinte se ainda está tentando descobrir, em tempo real, qual é o pedal da embreagem e qual é o do freio. Provavelmente você não conseguiria nem mesmo manter uma conversa trivial ao tentar fazer isso. No entanto, com o tempo, você automatiza todas as rotinas da direção e pronto, fica livre para dirigir de modo mais ou menos automático, e seus recursos mentais são liberados para outras coisas.

O piloto automático amplia sua capacidade criando hábitos e comportamentos habituais que usam menos recursos do cérebro do que os comportamentos conscientes, o que é uma capacidade maravilhosa. Passamos por nossos dias executando uma série enorme de rotinas automáticas.

Como a maioria das pessoas, minha mulher e eu, por exemplo, temos nossa rotina automática de "nos arrumar para dormir". Em algum momento, em geral entre 22h30 e 23h30, decidimos que está na hora de dormir e iniciamos o processo – desligar a televisão, desligar o aquecimento, verificar se a porta dos fundos está trancada, verificar se o gato está dentro de casa, trancar a porta da frente, subir a escada, escovar os dentes... e assim por diante.

Não paramos para pensar. Não dizemos de repente: "Céus! Está na hora de ir para a cama. O que faremos? Por onde começamos? Já sei – a porta dos fundos. Você vai verificar a porta dos fundos e eu... eu olho a porta da frente. Certo. Feito. Agora o que fazemos? Ah, sim, a televisão. Eu desligo a televisão – você desliga o aquecimento. Excelente! Feito. Agora... o gato. Onde está o gato...?".

Não fazemos nada disso. Apenas executamos nossa rotina noturna normal de ir para a cama e temos centenas, talvez milhares de rotinas que executamos ao longo do dia.

Isso é ótimo, mas existem alguns problemas.

NO PILOTO AUTOMÁTICO DEIXAMOS ESCAPAR COISAS

Quando está no piloto automático, você pode deixar escapar coisas. Parte do que você deixa escapar poderia enriquecer a sua vida. No trecho entre sua casa e a estação do metrô, pela manhã, em que você poderia se sintonizar com a qualidade da luz ou a sensação de frescor no ar, por exemplo. Mas você deixa essas coisas escaparem para executar no piloto automático a rotina de "pensar na lista de coisas a fazer" – talvez pela décima vez nessa manhã.

De forma parecida, você perde muitas coisas que podem enriquecer a sua vida e, de um jeito simples, acentuar a qualidade dos seus dias. Os primeiros botões de flor na primavera, uma teia de aranha brilhando na luz, o canto de um pássaro, o sabor de um melão. Nada disso toma tempo, mas, quando você deixa essas coisas escaparem, a sua vida fica um pouquinho empobrecida – e essas coisas se acumulam. Quando você as percebe, de um jeito simples e fácil, a sua vida fica cada vez mais rica.

Parte do que você deixa escapar pode ser muito importante. O olhar de uma criança, que poderia ter dito aos pais que estava sofrendo *bullying* e não queria ir à escola. Mas os pais deixaram isso escapar porque executavam sua rotina familiar matinal no piloto automático e não estavam prestando atenção. Ou o tom de voz de um colega ao lhe cumprimentar, deixando transparecer que está com sérios problemas em casa e precisa conversar, porque esses problemas estão afetando o trabalho dele. Mas você não percebe nada, porque está executando, no piloto automático, sua "rotina de chegar ao trabalho".

Portanto, embora a capacidade de executar coisas no piloto automático seja importante e valiosa, às vezes é importante sair do piloto automático e fazer as coisas conscientemente. Uma vida vivida principalmente no piloto automático é mais insatisfatória e menos eficaz do que poderia ser. De algumas maneiras, ela é uma vida escassa.

Além disso, existem outros problemas.

NOSSO SISTEMA DE PILOTO AUTOMÁTICO PODE FICAR SOBRECARREGADO

Executar uma rotina no piloto automático pode ser como abrir uma nova janela no computador. Essa pode ser uma maneira eficiente de fazer as coisas, mas às vezes você pode ter um excesso de janelas abertas, rotinas demais sendo executadas, e então o computador começa a ficar mais lento, podendo até mesmo travar. Há coisas demais acontecendo, um excesso de rotinas conflitantes sendo executadas.

No trabalho, você começa a se sentir oprimido, por exemplo, ao receber mais um e-mail, enquanto conversa com um colega que chegou com um pedido urgente, tenta descobrir o que fazer sobre o trabalho da semana passada cujo prazo final está estourado e se pergunta como o seu parceiro reagirá se você cancelar outra noite que passariam juntos em casa...

Às vezes você precisa sair conscientemente do piloto automático e escolher se concentrar, mas de uma determinada maneira.

Nessas ocasiões, pode ser inútil tentar *pensar* em como sair do problema. Isso seria como abrir outra janela em um computador que já está lento e prestes a travar. Em vez disso, você precisa fechar algumas janelas e deixar que os seus recursos mentais e emocionais se envolvam apenas com uma coisa.

O treinamento da atenção plena o ajuda a perceber quando você está sobrecarregado antes que as coisas comecem a dar errado. Ele o ajuda a abandonar as rotinas automáticas e a se concentrar com mais eficácia em cada momento.

ALGUMAS DE NOSSAS ROTINAS AUTOMÁTICAS PODEM ATRAPALHAR

No Quadro 2 da Introdução, "Terapia Cognitiva Baseada na Atenção Plena" (*consulte a página 23*), tratei da Mary, que chegou em casa cansada do trabalho e ouviu uma mensagem do parceiro na secretária eletrônica sobre ele chegar tarde em casa naquela noite. Isso desencadeou uma sucessão de rotinas no piloto automático, que fizeram com que seu baixo-astral rapidamente se transformasse em depressão. Quer as coisas aconteçam desse jeito para você ou não, a propensão subjacente em ação aqui é universal. Todos constatamos que, de uma maneira ou de outra, podemos executar rotinas mentais e emocionais no piloto automático, as quais se alimentam mutuamente de uma forma ineficaz nem um pouco proveitosa para nós.

Alguns de nós executamos uma rotina automática de "Não sou bom o bastante". Independentemente do que estejamos tentando fazer, uma voz interior silenciosa, em segundo plano, comenta que não estamos à altura da tarefa. Ou podemos fazer o oposto, executar uma rotina automática de "Eu sou o máximo", na qual nos comparamos a todo instante com os outros, rebaixando-os e tentando nos promover. Há também as rotinas catastróficas, nas quais sempre imaginamos o pior cenário possível. A variedade dessas rotinas automáticas ineficazes, ou distorções cognitivas, é imensa, e relacionei algumas delas no Quadro 2 a seguir.

QUADRO 2: ROTINAS AUTOMÁTICAS INEFICAZES

Eis uma lista de hábitos mentais que podemos ter e não são muito proveitosos. Veja se alguns deles soam familiares para você.

RACIOCÍNIO DO TIPO TUDO OU NADA. Nesse caso, você enxerga as coisas em preto e branco, em vez de em tons de cinza: "As coisas *nunca* dão certo para mim!". Ou então, se um garçom se atrapalha com o seu pedido em um restaurante: "Este lugar é um lixo – ele acabou com a nossa noite!". Ou se alguém que você admira comete um pequeno erro, a admiração rapidamente se transforma em desprezo.

GENERALIZAÇÃO EXCESSIVA. Esse hábito envolve fazer rápidas generalizações com base em experiências ou evidências insuficientes. Uma pessoa solitária passa a maior parte do tempo em casa. Os amigos, às vezes, a convidam para jantar no intuito de que ela conheça novas pessoas. "Não faz sentido aceitar", ela reflete. "Ninguém irá gostar de mim."

CRIVO. Todos temos a tendência de bloquear informações que não correspondem às nossas convicções. Não raro, isso envolve nos concentrarmos por inteiro nos elementos negativos de uma situação e excluirmos os positivos. Por exemplo: você acaba de fazer uma apresentação para 20 pessoas no trabalho. Todos dizem que a acharam muito proveitosa. Quando estão indo embora, uma colega menciona um pequeno ponto no qual pode ter havido alguma confusão. Imediatamente você passa a acreditar que toda a apresentação foi horrível e que você não se saiu bem.

A DESQUALIFICAÇÃO DO POSITIVO. Ao ser parabenizado por ter feito bem alguma coisa, você descarta metade dos elogios como sendo bajulação e diz – quer por modéstia, quer por insegurança – "Bem, não foi tão bom assim".

LER A MENTE. Nesse caso, você deduz os prováveis pensamentos de uma pessoa, geralmente negativos, com base no comportamento e na comunicação não verbal dela: "Eu sei que ele não gosta de mim por causa da maneira como se virou naquele momento". Ou você toma precauções contra a pior situação de que desconfia sem investigação adicional: "Eu sei que escrever minhas ideias como ela pediu será uma perda de tempo; ela já tomou uma decisão".

PREVER A SORTE. Isso envolve prever, em geral de maneira negativa, o resultado de eventos que poderão transcorrer de um jeito muito diferente. Apesar de estar muito bem preparado para uma prova, você pensa: "Eu sei que não vou passar".

AMPLIAR E MINIMIZAR. Nesse caso, você confere mais peso a um fracasso, uma fraqueza ou uma ameaça e menos peso a um possível sucesso, um ponto forte ou uma oportunidade. Ou vice-versa.

"CATASTROFIZAR". Isso envolve conferir um peso indevido ao pior resultado possível, por mais improvável que seja: "Eu simplesmente sei que isso será um desastre!". Também envolve vivenciar uma situação como insuportável ou impossível quando ela é apenas incômoda.

RACIOCÍNIO EMOCIONAL. Nesse caso você parte do princípio de que quaisquer sentimentos negativos que possa ter evidenciam a verdadeira natureza das coisas ou você acha que algo é verdade com base apenas em um sentimento: "Sinto que sou tolo ou maçante, de modo que devo mesmo ser assim". Ou você sente que seu medo de voar significa que é de fato muito perigoso viajar de avião.

DECLARAÇÕES COM "DEVERIA". Isso envolve esperar que você mesmo e os outros, sempre e sem exceção, façam o que moralmente deveriam fazer, independentemente da situação específica. Por exemplo: um pianista de concerto acredita que *não deveria* ter cometido tantos erros. Ou então, enquanto espera para ser atendida, você acha que seu dentista *deveria* ser pontual e fica indignada e ressentida porque ele está atrasado, sem considerar que ele talvez esteja lidando com uma emergência.

ROTULAR. Isso envolve atribuir as ações de uma pessoa ao caráter dela, em vez de a algum atributo acidental. Em vez de apenas pensar que cometeu um erro, você pensa "sou um fracassado", porque somente um fracassado cometeria esse tipo de erro. Ou alguém que cause uma primeira impressão desagradável é simplesmente "um idiota" e você o elimina de sua vida sem uma evidência posterior do caráter dele.

ROTULAR ERRONEAMENTE. Isso envolve descrever algo com uma linguagem que tenha uma conotação forte e, não raro, sem a consciência de outros valores. Desse modo, uma pessoa que dê um grande valor ao vínculo entre mãe e filho refere-se ao ato de uma mulher que deixe os filhos em uma creche como "abandono dos filhos com desconhecidos".

PERSONALIZAÇÃO. Nesse caso, você assume responsabilidade pessoal, inclusive elogios e críticas, por eventos sobre os quais não tem nenhum controle efetivo. Por exemplo: uma mãe cujo filho tenha dificuldades na escola se culpa por não ser uma boa mãe quando, na realidade, a verdadeira causa do fracasso do filho pode ser outra totalmente diferente.

ACUSAÇÃO. Isso envolve considerar outras pessoas como responsáveis exclusivas por sua aflição. Um cônjuge pode culpar o outro por seus problemas no relacionamento, em vez de examinar a sua própria participação na situação.

ESTAR SEMPRE CERTO. Nesse caso, você sempre imagina que o que quer que esteja errado, em qualquer situação, tem de ser culpa dos outros.

NO PILOTO AUTOMÁTICO, É FÁCIL PERDER A CALMA

Todos temos nossos gatilhos – eventos que acontecem no mundo, coisas que os outros podem nos dizer, memórias ou padrões de pensamento que desencadeiam um ou outro ciclo reativo. A esposa diz, brincando, ao marido: "Você é muito desleixado!" e, em segundos, ele volta a ser um menino infeliz de 13 anos que desmorona e tenta se reerguer. Um antigo padrão estabelecido de pensamento, sentimento, sensação e impulsos entra em ação, como se saído do nada, e ele afunda.

O fato de estar consciente de seus pensamentos, seus sentimentos, suas sensações e seus impulsos a cada momento pode tornar uma maior liberdade acessível. Você pode começar a descobrir que não precisa mais seguir os antigos e familiares padrões de pensamento que lhe causaram dificuldades no passado.

O TREINAMENTO DA ATENÇÃO PLENA TORNA A ESCOLHA DISPONÍVEL

Embora não haja nada errado com as rotinas automáticas em si, algumas delas podem atrapalhar. Com um pouco de treinamento da atenção plena, fica mais fácil reconhecer as rotinas automáticas ineficazes pelo que elas são. Você pode aprender a perceber quando está correndo o risco de ficar oprimido e a sair do piloto automático nessas ocasiões. Pode aprender a escolher momentos, a cada dia, para sair do piloto automático e ficar conscientemente atento. Isso pode ser renovador e enriquecedor.

Você pode começar a reparar em algumas das rotinas internas ineficazes que executa no piloto automático. Poderá se pegar ruminando, sendo catastrófico, indevidamente autocrítico ou seja lá qual for a sua predisposição particular. Então poderá aprender a arte de reconhecer esses pensamentos como simples pensamentos e a tratar a si mesmo e a todos os seus padrões e hábitos com cordialidade e gentileza.

Ao notar o que faz em sua mente nessas ocasiões, ficará mais fácil deslocar a atenção para outra coisa. Afinal de contas, se havia tanto a experimentar em uma única uva-passa, a que mais você poderá dedicar a sua atenção e explorar?

No entanto, tenha em mente o seguinte: a atenção plena não consiste em fazer as coisas devagar, e sim em fazê-las com total atenção. Novak Djokovic, um dos mais incríveis tenistas do mundo, usa o yoga e a meditação para se manter em boa forma física, mental e emocional – e ele é um dos caras mais rápidos do mundo na quadra!

A MEDITAÇÃO *BODY SCAN**

A nossa próxima meditação é a *body scan*. Apresentei duas versões dela nos arquivos de áudio. Há uma versão mais longa, que dura cerca de 25 minutos, e uma mais curta, de 11 minutos. A versão que você deve usar dependerá da corrente de prática em casa que estiver empreendendo. No entanto, seria proveitoso que, na primeira vez em que for realizar essa prática, você experimentasse a versão mais longa – pelo menos uma vez. Na verdade, você pode tentar fazer isso agora mesmo. Se tiver de 35 a 40 minutos disponíveis nos quais não será perturbado, você pode escolher realizar o exercício do *body scan*.

As instruções com as quais vamos trabalhar agora estão na faixa intitulada "*Body Scan* (Versão Longa)" (⬇2 ⏱25 min.). Se você não quiser realizar o exercício neste momento, quando eu der a instrução para tocar o áudio, você pode, em vez disso, examinar rapidamente o Quadro 3 para ter uma ideia de como é o exercício.

No *body scan*, você leva a atenção sucessivamente para cada uma das diferentes partes do corpo. A intenção do exercício é permanecer desperto e consciente. Ele não se destina a ajudá-lo a ficar mais calmo ou relaxado. Isso poderá ou não acontecer. Mais exatamente, o objetivo da prática é você se tornar mais consciente, sentindo quaisquer sensações corporais (ou a ausência delas) com que se deparar em cada momento, enquanto concentra a atenção nas diferentes partes do corpo.

Antes de empreender o *body scan*, experimente realizar agora este breve exercício, por alguns momentos.

- Comece olhando suas mãos por alguns momentos.
- Agora, passe alguns instantes *pensando* em suas mãos. Deixe seus pensamentos irem aonde quer que eles o levem, enquanto você está pensando em suas mãos.

---

* Meditação conhecida como escaneamento do corpo ou varredura corporal. (N.R.)

- Deixe o livro de lado e bata palmas duas vezes, vigorosamente.
- Então *sinta* o que está acontecendo em suas mãos. Que sensações você está tendo? Formigamento? Ardência? Calor...?

Repare na diferença entre *pensar* em suas mãos e *sentir* suas mãos. É nesse último que você irá se concentrar ao fazer o *body scan* – em suas efetivas sensações corporais, em cada momento de mudança.

No exercício acima, lhe pedi que criasse uma sensação relativamente óbvia em suas mãos, à qual você pudesse prestar atenção. A maioria de nós, durante o *body scan*, encontra esse grau de sensação em cada parte do corpo.. Isso é perfeitamente aceitável. O objetivo do exercício é apenas sentir quaisquer sensações que você sinta de fato, de momento a momento, mesmo que elas não sejam muito intensas. Você poderá até mesmo descobrir que em algumas partes do corpo parece não haver quase nenhuma sensação. Isso é perfeitamente normal, e a intenção é apenas observar o que existe.

Você pode realizar o *body scan* deitado em uma esteira ou um tapete no chão ou na cama. Você também pode realizá-lo sentado ereto em uma cadeira. Muitas pessoas, hoje em dia, sofrem de algum grau de privação do sono e, ao realizar o *body scan*, poderão adormecer. Embora isso possa ser revigorante, não é a intenção da prática. A intenção é que você permaneça desperto e o mais consciente possível. Se, por acaso, pegar no sono por alguns momentos, poderá retornar ao exercício. Caso a sonolência se torne um problema, você talvez ache proveitoso apoiar a cabeça em um travesseiro e abrir os olhos ou fazer o exercício sentado, em vez de deitado.

Decida então como você quer realizar o exercício – deitado ou sentado – e, quando estiver pronto, toque o arquivo de áudio "*Body Scan* (Versão Longa)" (⬇2 ⏱25 min.) ou examine as instruções do Quadro 3.

QUADRO 3: BODY SCAN

Acomodar-se

Leve o que tempo que precisar para se acomodar na postura escolhida para o exercício. Se for realizá-lo deitado, talvez seja interessante escolher uma postura simétrica, sem cruzar as pernas e com os braços estendidos ao lado do corpo. Se necessário, apoie a cabeça em um pequeno travesseiro ou uma almofada. Certifique-se de que está aquecido ou refrigerado o suficiente e que não será perturbado.

Concentrar-se na respiração

Quando estiver pronto, comece a se conscientizar do movimento da respiração e das sensações em seu corpo. Em particular, talvez você possa começar a se conscientizar das sensações no abdômen, a sentir os padrões de sensação que se modificam nessa área, enquanto você inspira e solta o ar. Passe alguns minutos sentindo e explorando essas sensações. Em seguida, conscientize-se de qualquer sensação de contato e pressão no ponto em que seu corpo encontra o lugar onde você está deitado ou sentado. Agora, experimente fazer algumas inalações e exalações mais deliberadas, talvez colocando uma das mãos sobre o abdômen para acompanhar com mais facilidade a respiração. Cada vez que soltar o ar, acomode-se melhor no chão, na cama ou na cadeira. Depois de respirar algumas vezes, quando estiver acomodado, afaste a mão do abdômen e apenas deixe que a respiração entre e saia normalmente.

Escaneamento do corpo

Quando estiver pronto, comece a explorar, neste momento, as sensações físicas em transformação em seu corpo. Leve o foco de atenção para o dedão do pé esquerdo. Que sensações você percebe nele agora? Calor, frio, formigamento, cócegas? Quase nada? Apenas observe o que encontrar. Leve, o mais que puder, uma curiosidade amigável e amável para o que quer que você encontre. Em seguida, desloque o foco, sucessivamente, para cada um dos dedos, levando uma atenção suave, interessada e afetuosa para o que encontrar. Observe talvez a sensação de contato entre os dedos, uma sensação de formigamento, calor, talvez dormência – o que quer que esteja presente.

Em seguida, quando estiver pronto, em uma inalação, sinta ou imagine o ar entrando no pulmão e descendo pelo corpo, pela perna esquerda, até os dedos do pé esquerdo. Ao soltar o ar, sinta ou imagine a respiração subindo de volta a partir dos dedos do pé, passando pelo pé, pela perna, pelo tronco e saindo pelo nariz. Continue a respirar dessa maneira algumas vezes, inspirando na direção dos dedos do pé e soltando o ar a partir dos dedos do pé cada vez que expirar. Pratique essa respiração da melhor forma que puder, abordando-a de uma maneira alegre, imaginativa e experimental.

Quando estiver pronto, em uma exalação, afaste a atenção dos dedos do pé e a conduza para as sensações na sola do pé esquerdo – leve uma curiosidade suave e investigativa para as sensações na sola do pé, no dorso do pé, no calcanhar (talvez observando as sensações no lugar onde o calcanhar faz contato com o chão, a esteira ou a cama). Experimente "respirar com" qualquer uma e todas as sensações – permanecendo consciente da respiração em segundo plano, enquanto explora, no primeiro plano, as sensações na sola do pé.

Agora deixe que o foco da atenção se estenda para o resto do pé – o tornozelo, o dorso do pé, a totalidade do pé. Em seguida, quando estiver pronto, em uma exalação, afaste completamente a atenção do pé esquerdo e desloque-a para a parte inferior da perna esquerda – a panturrilha, a canela e o joelho, sucessivamente.

Continue a explorar o corpo dessa maneira, demorando-se por algum tempo em cada parte: a canela esquerda, o joelho esquerdo, a coxa esquerda; os dedos do pé direito e depois o pé e o tornozelo, a parte inferior da perna direita, o joelho direito, a coxa direita; a região pélvica – a virilha, a região genital, as nádegas e os quadris; a região lombar e o abdômen, a parte superior das costas, as costelas e o tórax.

Avance então para as mãos, lidando com as duas ao mesmo tempo. Comece a explorar as sensações na ponta dos polegares e demais dedos. Durante algumas respirações, dirija a respiração para a ponta dos dedos, enviando o ar para a ponta deles na inalação e puxando-o a partir deles na exalação. Em seguida, expanda a atenção para todas as partes dos dedos. E a partir daí para as palmas das mãos e as costas das mãos, para os pulsos, os antebraços e cotovelos, os braços, os ombros, o pescoço, o rosto (o maxilar, a boca, os lábios, o nariz, as maçãs do rosto, os ouvidos, os olhos, a testa) e depois para toda a cabeça.

Por fim, leve a atenção para o alto da cabeça. Você pode sentir ou imaginar que há um buraco nesse local, parecido com o respiradouro das baleias, e pode inspirar e soltar o ar através dele. Inspire através do alto da cabeça, dirija o ar para baixo, pelo corpo, e abarque o corpo com a respiração, soltando o ar pelas solas dos pés. Depois, inspirando pelos pés, projete o ar para cima, pelo corpo e para fora através da cabeça.

Da maneira como funcionar para você, experimente abarcar o corpo com a respiração, enquanto respira algumas vezes, à medida que finaliza o exercício. Passe alguns minutos conscientizando-se da sensação do corpo como um todo e da respiração fluindo livremente para dentro e para fora de seu corpo antes de recomeçar a se mover atentamente.

Ao escanear seu corpo, se você se conscientizar de alguma tensão ou de outras sensações intensas em alguma parte dele, poderá experimentar "respirar" nessa sensação, usando delicadamente a inalação a fim de conduzir sua consciência para ela, levando calor e ternura para esse lugar. Talvez a tensão diminua, talvez não. E se não diminuir, veja como é estar com ela, sem interferir. Faça o possível para atrair uma atitude calorosa e terna para si mesmo e para o seu corpo.

Após um tempo, se começar a sentir algum desconforto e quiser se mexer, você tem uma escolha. Você pode se mover de modo atento – consciente da intenção de se mexer e de todas as sensações que acompanham esse movimento. Ou você pode apenas observar como é ficar sentado com as sensações que estão presentes, sem interferir, levando uma atitude de curiosidade afetuosa e amável para o que está acontecendo.

A mente inevitavelmente se afastará, de tempos em tempos, da respiração e do corpo. Isso é bastante normal, é o que as mentes fazem. Quando você notar que sua mente divagou, apenas reconheça esse fato, observe para onde a atenção foi e, depois, retorne delicadamente para a parte do corpo que você pretendia examinar. Se preferir, você pode dizer silenciosamente para si mesmo: "Ah, estou pensando..." ou "estou planejando..." ou "sonhando..." – o que quer que seja, e em seguida, de modo delicado, amável, volte a atenção para o corpo.

APÓS O BODY SCAN

Eis algumas das coisas que os participantes do curso de atenção plena às vezes relatam após realizar pela primeira vez o exercício de *body scan*:

> *Eu praticamente não tive nenhuma sensação nos dedos dos pés. Pude sentir alguma coisa quando subimos pelas pernas, mas quase não senti nada na parte inferior. Isso foi realmente estranho e desconfortável, porque achei que eu deveria sentir alguma coisa ali.*

Pode ser estranho no início ver como as suas sensações corporais se apresentam. Em algumas partes do corpo, você poderá sentir muitas coisas e, em outras, praticamente nada. Não existe certo ou errado – as coisas são como são. Repare como rapidamente começamos a fazer críticas. Estamos organizados para pensar que existe uma maneira certa de realizar o exercício e queremos fazê-lo de modo correto – queremos ter sensações para onde quer que as instruções nos conduzam. Se isso não acontece, podemos sentir que não estamos realizando o exercício da maneira certa ou que as coisas não estão acontecendo como deveriam.

Você pode, por exemplo, apenas notar essa tendência de fazer críticas. Pode até dizer a si mesmo, de uma maneira cordial: "Lá vou eu, uma vez mais, criticar minha experiência..." e depois retornar ao que você está vivenciando de fato.

Pego no sono o tempo todo...

Isso não é nem um pouco incomum. Na nossa cultura, costumamos ter um pouco de privação de sono. Pegar no sono por alguns minutos não é nenhum problema. Pode ser até revigorante e, se acontecer, você pode apenas continuar a seguir as instruções no ponto em que elas estiverem quando você acordar.

Se constatar que continua a pegar no sono e que está perdendo grande parte do exercício, você pode realizá-lo sentado em uma cadeira ou de olhos abertos. Experimente e observe o que funciona melhor para você.

Fiquei muito irrequieto. Foi um incômodo. Eu queria me mexer, mas fiquei rangendo os dentes e resistindo a esse impulso.

Repare no que está acontecendo aqui. É fácil se deixar levar por uma atitude de esforço, de tentar "fazer certo". Tente apenas observar por alguns instantes como é reconhecer "Oh, estou inquieto..." ou qualquer outra coisa. E depois, se continuar a ter vontade de se mexer, mova-se atentamente. Você pode ainda experimentar permanecer com a vontade um pouco mais de tempo, explorando sua experiência a cada momento.

Não existe uma maneira certa ou errada de lidar com isso. Apenas experimente e veja o que encontra.

> *Mas eu achei que isso deveria me ajudar a relaxar!*

É claro que muitos de nós adoraríamos relaxar um pouco. O *body scan* poderá ajudá-lo a relaxar ou não. Mas isso não é o principal aqui. O objetivo do exercício é possibilitar que você se torne mais atento, descubra o que está acontecendo em você a cada momento e leve a isso uma agradável conscientização.

> *Não parei de sentir coceiras em diferentes partes do meu corpo e eu realmente queria coçá-las. Houve um momento em que abri os olhos a fim de olhar para o relógio, mas em seguida pensei: "Não devo fazer isso".*

É claro que as coceiras podem ser desagradáveis. Mas talvez haja outra maneira de lidar com uma experiência desse tipo. No caso de uma coceira, você pode verificar se consegue deixar que ela apenas exista e explorá-la. Onde ela é mais intensa? Ela está mudando... se deslocando... latejando...? Você consegue se abrir para ela e explorá-la? No final, é perfeitamente aceitável que você a coce de maneira suave e atenta. Assim como é aceitável que você abra os olhos por alguns instantes. Não existe um modo certo ou errado de realizar este exercício. Existe apenas o que você encontra, o que você vivencia de maneira atenta. Isso é o principal.

> *Minha mente divagou o tempo todo.*

É isso o que as mentes fazem. Quando sua mente divagar, apenas observe para onde ela foi e a traga delicadamente de volta. Você pode dizer a si mesmo: "Lá estava eu planejando de novo..." e, em seguida, trazer, de maneira suave, sua mente de volta. Se ela divagar cem vezes, apenas a traga de volta cem vezes. Tudo é uma excelente prática.

Com o *body scan*, você começa a se relacionar de forma mais profunda com seu corpo. Assim como o Senhor Duffy, no livro *Dublinenses*, de James Joyce, que "vivia a uma pequena distância de seu corpo", muitos de nós no século XXI podemos estar um pouco separados do nosso corpo. Passamos tanto tempo assimilando informações da mídia eletrônica (computadores, *tablets*, telefones, *e-mails*, e assim por diante) que, se não tivermos cuidado, poderemos nos tornar mais como balões em varetas do que seres humanos completamente corporalizados. Poderemos começar a tratar nosso corpo como se o único propósito dele fosse carregar a nossa mente de um lado para o outro. Mas essa atitude deixa escapar inteiramente o ponto essencial. No intuito de vivenciar a plena amplitude na nossa condição humana, precisamos despertar para todo o sistema corpo-mente, e isso envolve expandir nossa experiência para além de apenas "pensar a respeito" das coisas.

QUADRO 4: SE EU PUDESSE VIVER MINHA VIDA DE NOVO

Quando está atento, você vive de modo mais pleno. O seguinte texto, até onde eu sei, apareceu pela primeira vez em um artigo de autoria do humorista e caricaturista americano Don Herold. Publicado pela revista *Reader's Digest* em outubro de 1953, com o título "I'd Pick More Daisies" [Eu colheria mais margaridas], ele passou depois por uma série de mudanças, com uma das versões sendo, com o tempo, traduzida para o espanhol e atribuída ao escritor argentino Jorge Luis Borges.

Borges então retraduziu o texto para o inglês como um poema. Eu o encontrei pela primeira vez em um manual de instruções da atenção plena, no qual ele foi atribuído a "Nadine Stair, de 85 anos".

Tanto o texto em si quanto a história da sua constante transmutação têm algo a nos dizer sobre a atenção plena. Quando de fato olhamos, constatamos que há mais coisas acontecendo do que imaginamos de início.

Se Eu Pudesse Viver Minha Vida de Novo

Eu gostaria de cometer mais erros da próxima vez.

Eu relaxaria, faria um aquecimento. Seria mais tolo do que fui nessa viagem. Levaria menos coisas a sério. Correria mais riscos. Escalaria mais montanhas e nadaria em mais rios. Tomaria mais sorvete e comeria menos feijão. Talvez eu viesse a ter mais problemas efetivos, mas teria menos problemas imaginários.

Veja bem, sou uma dessas pessoas que vivem sensata e prudentemente hora após hora, dia após dia. Oh, tive meus momentos e, se tivesse de fazer tudo de novo, eu teria mais deles. Na realidade, eu tentaria não ter nada além deles. Apenas momentos, um atrás do outro, em vez de viver tantos anos à frente de cada dia. Tenho sido uma dessas pessoas que nunca vão a lugar nenhum sem um termômetro, uma garrafa de água quente, uma capa de chuva e um paraquedas. Se eu tivesse de fazer tudo de novo, viajaria com menos bagagem.

Se eu pudesse viver minha vida de novo, eu começaria descalço mais cedo na primavera e continuaria assim até mais tarde no outono. Eu iria a mais bailes. Eu colheria mais margaridas.

QUADRO 5: DICAS PARA O *BODY SCAN*

- Independentemente do que você encontrar ao realizar o exercício, apenas o faça! Se você pegar no sono, perder a concentração, não parar de pensar em outras coisas, perceber que está se concentrando repetidamente na parte "errada" do corpo, não sentir nada... essas são as suas experiências no momento. Na medida do possível, apenas se conscientize delas – com gentileza e curiosidade.
- Se sua mente divagar muito, apenas assinale os pensamentos como eventos passageiros e traga delicadamente a mente de volta para o *body scan* – quantas vezes forem necessárias.
- Veja se é possível abandonar ideias de sucesso e fracasso ou de "fazer o exercício com perfeição". Não se trata de uma competição nem de uma habilidade que você precise adquirir. A única disciplina envolvida é a prática regular e frequente. Dedique-se a ela com uma atitude aberta e agradável.
- Tente abandonar quaisquer expectativas sobre o que o *body scan* fará por você. Você pode imaginá-lo como uma semente plantada. Quanto mais cutucar e interferir no processo, menos você será capaz de se desenvolver. Apenas confira ao *body scan* as condições adequadas – paz e tranquilidade relativas, uma prática regular e frequência – isso basta. Quanto mais você tentar promover resultados específicos, mais esse esforço consciente interferirá na capacidade da semente de emergir.
- Veja como é abordar a sua experiência a cada momento com a atitude de "Ok, é assim que as coisas são neste momento". Experimento deixar que o que é o caso *seja* o caso, com uma atitude de gentileza. Se você tentar rechaçar pensamentos, sentimentos ou sensações corporais desagradáveis, isso apenas o distrairá e impedirá que você faça qualquer outra coisa.
- Acima de tudo, apenas faça o exercício.

QUADRO 6: CORRENTE 1
PRÁTICA EM CASA PARA A PRIMEIRA SEMANA

- Na próxima semana, realize a meditação *body scan* durante pelo menos seis dias. Use "O *Body Scan* (Versão Longa)" (⬇2 ⏱25 min.) como orientação. Não espere sentir nada em particular ao fazer esse exercício; apenas ponha de lado – o máximo que puder – todas as expectativas a respeito dele. Apenas deixe que a sua experiência seja a sua experiência.
- Se quiser, comece a escrever um diário e faça uma breve anotação das experiências surgidas a cada vez que você praticar.
- Escolha uma atividade rotineira na vida do dia a dia e faça um esforço deliberado para se conscientizar dela de momento a momento, todas as vezes que a executar, assim como fizemos no exercício da uva-passa. Entre as possibilidades estão a sua primeira xícara de chá ou café, o escovar os dentes, o tomar banho, se secar ou se vestir; a caminhada até o ônibus, metrô ou carro; o comer – qualquer coisa que você faça todos os dias. Apenas decida saber que está fazendo uma coisa quando efetivamente a estiver fazendo.
- Registre quaisquer ocasiões em que você notar ser capaz de se conscientizar de maneira mais profunda do que está comendo, do mesmo modo que se conscientizou da uva-passa. Faça pelo menos uma refeição de modo atento (e isso não significa, necessariamente, devagar) –, assim como fez com a uva-passa.

QUADRO 7: CORRENTE 2
PRÁTICA EM CASA PARA A PRIMEIRA SEMANA

- Realize a meditação *body scan* durante pelo menos seis dias da próxima semana. Use "O *Body Scan* (Versão Curta)" (⬇3 ⏱11 min.) como orientação. Não espere sentir nada em particular ao fazer o exercício; apenas ponha de lado – o máximo que puder – todas as expectativas a respeito dele. Apenas deixe que a sua experiência seja a sua experiência.
- Se quiser, comece a escrever um diário e faça uma breve anotação das experiências surgidas a cada vez que você realizar a prática.
- Escolha uma atividade rotineira na vida do dia a dia e faça um esforço deliberado para se conscientizar dela de momento a momento, todas as vezes que a executar, assim como fizemos no exercício da uva-passa. Entre as possibilidades estão a sua primeira xícara de chá ou café, o escovar os dentes, o tomar banho, se secar ou se vestir; a caminhada até o ônibus, metrô ou carro; o comer – qualquer coisa que você faça todos os dias. Apenas decida saber que está fazendo uma coisa quando efetivamente a estiver fazendo.
- Registre quaisquer ocasiões em que você notar ser capaz de se conscientizar de maneira mais profunda do que está comendo, da mesma maneira que se conscientizou da uva-passa. Faça pelo menos uma refeição de modo atento (e isso não significa, necessariamente, devagar) –, assim como fez com a uva-passa.

SEGUNDA

SEMANA

ATENÇÃO PLENA NA RESPIRAÇÃO

Esta semana traz a primeira das meditações sentadas que você fará neste curso. Começamos por uma que se concentra na respiração.

A respiração está sempre presente. Você não pode sair de casa sem ela, e enquanto respira há muito mais coisas certas do que erradas com você.

Respirar é estar vivo. Cada momento da sua vida está conectado com o seguinte por meio de uma respiração, desde a primeira vez que você respirou ao nascer até a última vez que você irá respirar ao morrer – uma respiração depois da outra. Cada respiração é única, cada uma é diferente. A respiração está em constante transformação e é moldada por sua disposição de ânimo, seu estado corporal e sua atividade; além disso, existe um relacionamento bilateral entre a sua respiração e as suas emoções. Sua respiração é curta e superficial quando você está tenso ou zangado, errática quando está perturbado, rápida quando você está agitado, lenta e profunda quando está alegre ou contente, e você quase para de respirar quando está com medo.

Suas emoções mudam a maneira como você respira, e a maneira como você respira também pode alterar suas emoções. Imagine que a sua respiração está curta. Ao notar isso, você compreende que está tenso e, então, faz uma pausa – inspira e solta o ar algumas vezes de maneira mais lenta e deliberada –, e isso o ajuda a ficar um pouco mais calmo. Em outras ocasiões, a respiração pode ser usada no intuito de se preparar para um desafio: você inspira mais profundamente, prende a respiração durante uma ou duas pulsações... e segue em frente.

Quando você está em sintonia com sua respiração, ela pode se tornar um barômetro emocional, ajudando-o a interpretar a qualidade do seu estado interior; ela pode ajudá-lo, também, a regular suas emoções: a se acalmar quando for preciso ou a se preparar para uma tarefa difícil, por exemplo.

Muitas das práticas que você realizará neste curso começam com você entrando em sintonia com sua respiração. Com o tempo, talvez você note com mais facilidade como sua respiração se transforma de acordo com sua disposição de ânimo, suas emoções, seus pensamentos e suas atividades. Isso não envolve controlar a respiração, e sim estar mais consciente dela, mais interessado no que acontece em segundo plano.

Essa conscientização poderá, então, ajudá-lo a relaxar a tensão quando necessário ou se concentrar de maneira mais intensa quando isso for indicado. Sua conscientização da respiração pode ser como uma âncora – um ponto estável ao qual você pode voltar nos momentos de necessidade.

Mesmo assim, é importante ter em mente que isso não funciona da mesma forma para todo mundo. Algumas pessoas têm problemas de respiração, como asma, e outras têm um relacionamento com a respiração que pode ser complexo de várias maneiras. Se esse for o seu caso, você talvez possa começar observando como é participar dessa jornada pelo menos em uma etapa inicial. Será que o seu relacionamento com a respiração pode começar a mudar à medida que avançarmos no curso? Se não quiser fazer isso agora, quando eu fizer referência à respiração, você poderá escolher outro foco – a pulsação, por exemplo, ou as sensações nas mãos ou nos pés. Experimente e veja o que funciona melhor para você.

A primeira meditação sentada do curso se chama meditação da "Atenção plena na respiração". Nela, você se acomoda em uma postura de meditação confortável, como as descritas no Quadro 1, e em seguida – após um breve período no qual você se tranquiliza e se harmoniza com o próprio corpo – deixa que a atenção se fixe em sua respiração, em cada inalação e em cada exalação.

Como você deve ter notado na meditação *body scan*, as mentes divagam – é isso que elas fazem. Então, sempre que você se conscientizar de que a sua mente divagou, afastando-se da respiração, apenas observe para onde ela foi e depois, delicadamente, traga-a de volta para a respiração.

Veja como é cultivar um interesse cordial e amigável pela qualidade de cada respiração. Cada respiração é exclusiva. Sem forçar, comece a reparar nisso e deixe que a sua atenção repouse na respiração. Isso é tudo.

Daqui a pouco haverá espaço para essa prática. Talvez você queira se preparar para ela lendo o Quadro 1.

QUADRO 1: POSTURAS PARA MEDITAÇÃO

Em meus cursos públicos e no trabalho que realizo ensinando a atenção plena em organizações, meditamos sentados em cadeiras, e nada de especial é necessário para isso. O importante é encontrar uma postura que funcione para você, uma que seja confortável, alerta e altiva – e que leve em conta os limites do seu corpo. Caso necessário, você pode realizar todas as práticas de meditação deste curso na posição deitada, embora algumas pessoas peguem no sono ao fazer isso.

Sentado em uma cadeira

Se você decidir que deseja meditar sentado em uma cadeira, é melhor escolher uma com o espaldar mais ou menos reto. Uma cadeira de escritório, com a altura e o ângulo do assento ajustáveis, pode ser uma boa escolha, assim como uma cadeira da mesa de jantar ou da cozinha.

Como você poderá ver nas ilustrações a seguir, é bom que as costas fiquem mais ou menos eretas. Não rígidas ou retesadas, apenas delicadamente eretas. No caso de algumas cadeiras, especialmente daquelas cujo assento se inclina para trás, fazendo com que a região lombar afunde, poderá ser útil levantar as pernas de trás delas alguns centímetros do chão, talvez com livros, blocos de madeira, uma toalha ou um cobertor velho enrolado. Se suas pernas forem um pouco curtas para a cadeira, você poderá apoiar os pés sobre uma ou duas almofadas ou, ainda, em um cobertor dobrado.

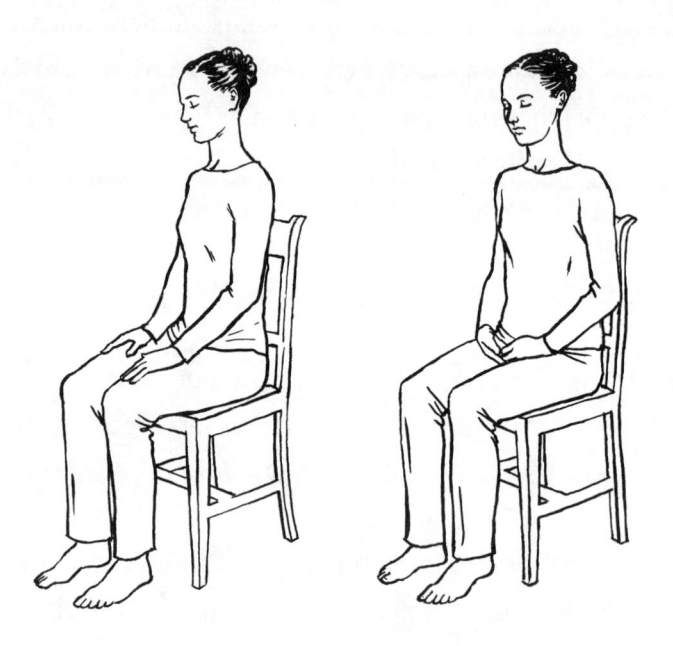

Deixe suas mãos descansarem onde for mais confortável – talvez nas coxas ou no colo.

Algo mais deve ser dito a respeito da adoção de uma postura mais ou menos simétrica, caso isso lhe seja confortável, porque ela pode estimular uma atitude de vigilância e equilíbrio. Veja como é afundar em uma cadeira com as pernas cruzadas e, depois, como é se sentar de forma mais ereta, perpendicular ao chão, com os pés posicionados simetricamente no chão à sua frente – mais ou menos como na ilustração acima. Isso faz com que você se sinta mais equilibrado e alerta?

Ao assumir a postura que adotará na meditação, você envia um sinal do corpo para a mente dizendo que isso é diferente. "Agora estou atento, relaxado e alerta."

Nem todo mundo consegue se sentar confortavelmente de pernas cruzadas. Se você quiser se sentar dessa maneira, é importante apoiar os joelhos. Para isso, é interessante levantar as nádegas do chão e sentar-se sobre uma ou duas almofadas firmes.

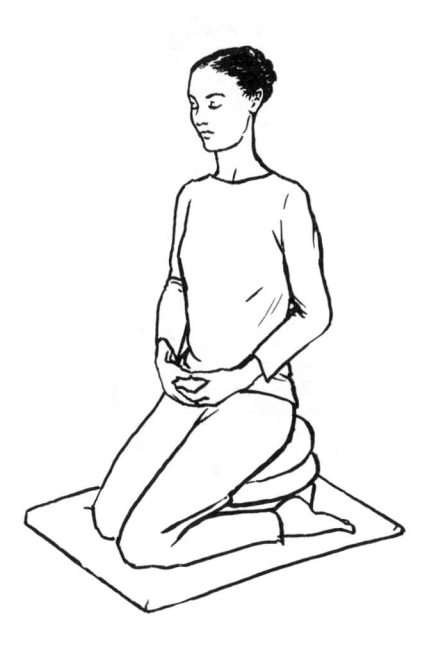

Com os joelhos no chão e as nádegas apoiadas em almofadas, você tem três pontos de contato com o chão, o que é bastante estável. Se seus joelhos não descansarem confortavelmente no chão, você poderá forçar a base da coluna. Se quiser se sentar dessa maneira e os seus joelhos não alcançarem o chão, mesmo depois de erguer as nádegas vários centímetros sobre uma boa base de almofadas, você pode tentar introduzir uma ou duas almofadas debaixo de cada joelho.

Descanse as mãos nos joelhos, nas coxas ou no colo.

Algumas pessoas que optam por se sentar dessa maneira passam um cobertor ou um xale ao redor da cintura e o enrolam para baixo algumas vezes. Depois apoiam as mãos nele. Isso pode ajudar a apoiar o peso dos braços e impedir que os ombros se arrastem para a frente e para baixo.

Talvez você também queira se sentar em uma esteira ou um cobertor dobrado, o qual proporcionará um acolchoamento para os pés.

Algumas pessoas gostam de se ajoelhar. Você pode fazer isso sentado sobre algumas almofadas, como mostra a figura da página anterior.

Ajoelhado ou sentado no chão

Se decidir meditar ajoelhado ou sentado no chão, você também pode usar um banco de meditação, como na figura acima.

SEGUNDA SEMANA – 77

É fácil comprar bancos desse tipo pela internet. Experimente buscar "banco de meditação" e veja o que aparece. Algumas pessoas que optam por se sentar dessa maneira também passam um cobertor ou um xale em volta da cintura. Além disso, você pode querer se sentar em uma esteira ou um cobertor dobrado como descrito anteriormente. (Veja figura na página anterior – no alto)

Se você vai se sentar com as pernas cruzadas ou se ajoelhar no chão, a altura das almofadas ou do banco que irá usar pode fazer uma grande diferença. Se estiver muito baixa, a região lombar irá cair naturalmente para fora; se estiver alta demais, a coluna irá se curvar para dentro de maneira desconfortável. Se estiver sentado no chão, dedique alguns momentos ao ajuste dessa altura. O processo poderá envolver um pouco de tentativa e erro, e talvez você leve até mesmo algumas semanas para encontrar a altura que funciona melhor no seu caso. Você pode ajustar a altura das almofadas acrescentando ou retirando almofadas ou cobertores dobrados de uma pequena pilha e pode ajustar a altura de um banco colocando almofadas ou cobertores dobrados entre suas nádegas e o banco.

O conforto ideal não está disponível

Passe algum tempo experimentando e tentando encontrar a postura que funciona melhor para você. Continue a fazer ajustes por bastante tempo, até encontrar o que funciona melhor. Mas lembre-se de que somos todos seres humanos com um corpo humano, e sempre haverá um limite. Você nunca encontrará a postura perfeita que eliminará os desconfortos causados pelo fato de você ter um corpo. É assim que as coisas são. Então sua tarefa aqui é encontrar uma postura que seja mais ou menos viável e depois colocar de lado a sua busca pelo conforto e prosseguir com a prática.

MEDITAÇÃO DA ATENÇÃO PLENA NA RESPIRAÇÃO

Prepare-se para meditar em algum lugar no qual ficará à vontade e não será perturbado. Assuma a postura que gostaria de usar para começar e, quando sentir que está pronto, toque a faixa "Atenção Plena na Respiração (Versão de 10 min.)" (⏵4 ⏱10 min.).

Caso sinta que não está pronto para realizar o exercício agora, você poderá ler uma breve descrição da prática no Quadro 2.

QUADRO 2: MEDITAÇÃO DA ATENÇÃO PLENA NA RESPIRAÇÃO

Acomodação

Conceda a si mesmo o tempo necessário para se acomodar na postura escolhida para essa meditação. Não há pressa, e um pouco de tempo despendido na acomodação antes de começar a meditar pode fazer uma grande diferença no que você encontrará quando iniciar a prática mais formal.

Feche os olhos se isso for confortável para você. Se preferir, pode ficar de olhos abertos, deixando o olhar pairar, sem se fixar, em algum ponto no chão, a um metro ou um metro e meio à sua frente.

Definir a sua intenção

Por alguns instantes, relembre suas intenções. Este é um momento apenas seu, e você irá usá-lo para meditar, não para planejar, sonhar ou pensar sobre algum problema. É claro que essas coisas poderão acontecer, mas defina agora a intenção de trazer a atenção de volta para a respiração sempre que notar sua mente divagar. Defina também a intenção de ser delicado e amável com a sua mente divagante.

Traga a consciência para o corpo

Direcione sua consciência para as sensações físicas em seu corpo nesse momento, talvez concentrando a atenção nas sensações do toque, do contato e da pressão existentes no ponto em que o corpo faz contato com o chão e com o local no qual você está sentado. Passe alguns momentos explorando bem essas sensações.

Concentrar-se nas sensações da respiração

Quando estiver pronto, desloque a consciência para os padrões de sensação no corpo em constante modificação enquanto a respiração entra e sai.

Você pode deixar a atenção repousar nas sensações de leve alongamento do abdômen a cada vez que inspirar e nas sensações de suave relaxamento a cada vez que soltar o ar. Ou você pode descobrir que a respiração é mais óbvia para você no movimento das costelas ou nas sensações no tórax, na garganta ou no nariz.

Independentemente do ponto em que sua atenção focalize a respiração, veja como é descansar a atenção nesse lugar durante toda a inalação e toda a exalação, talvez reparando nas leves pausas entre uma respiração e outra.

Você não precisa tentar controlar a respiração de nenhuma maneira – apenas deixe que ela seja como é. Mesmo que ela pareça um pouco sem graça no início, não há uma maneira especial de respirar. A questão é apenas manter delicadamente a atenção na respiração – não importa como ela seja.

Na medida do possível, leve essa mesma atitude de aceitação para o restante da experiência – você não precisa corrigir nada nem alcançar nenhum estado particular. Veja como é simplesmente deixar que a sua experiência *exista* – sem precisar que ela seja diferente do que é.

E quando a mente divagar...

Mais cedo ou mais tarde (geralmente mais cedo), a mente divagará e deixará de se concentrar na respiração, a fim de se envolver com pensamentos, planejamentos, devaneios ou qualquer outra coisa. Isso é perfeitamente aceitável. É apenas o que as mentes fazem; não se trata de um erro ou um defeito.

Ao notar que sua mente não está mais na respiração, você estará outra vez consciente da experiência. Você pode reconhecer onde a mente esteve, talvez com uma breve anotação mental: "Ah, eu estava pensando..." e, em seguida, conduzir de maneira delicada a sua consciência de volta para as sensações da respiração.

Sempre que notar que sua mente divagou, e isso provavelmente acontecerá cada vez mais, reconheça para onde ela foi e, em seguida, traga sua atenção de volta à respiração.

Mesmo que perceba estar ficando irritado com a prática ou com o fato de sua mente divagar, continue a reassumir uma atitude de amabilidade para com a sua consciência, talvez encarando as repetidas divagações de sua mente como oportunidades para trazer a paciência e uma curiosidade delicada para a sua experiência.

Faça isso durante 10 minutos

Prossiga com a prática por mais ou menos 10 minutos, talvez lembrando a si mesmo, de tempos em tempos, que sua intenção é apenas permanecer consciente da experiência a cada momento, usando a respiração como uma âncora para se reconectar de forma delicada ao aqui e agora todas as vezes em que perceber que sua atenção divagou.

LEMBRAR E ESQUECER

Nós começamos a realizar uma prática como a meditação da atenção plena na respiração a fim de prestar atenção na respiração com uma atitude amável para com o que quer que vivenciemos.

Há três termos básicos aqui: intenção, atenção e atitude. Nós nos esquecemos de cada um deles e depois nos lembramos. Depois nos esquecemos. Depois nos lembramos. Repetidamente.

Eis como as coisas funcionam.

Recebemos uma instrução...

> Acompanhe a respiração...

Por causa da maneira como fomos criados, quase todos nós iremos decidir "fazer isso direito"!

É muito natural achar que existe sempre uma maneira certa e uma maneira errada de fazer as coisas. Há uma maneira certa de soletrar e um jeito certo de somar números. Há todas as condutas e os costumes que aprendemos a seguir – maneiras certas e maneiras erradas: muitos milhares delas.

Assim sendo, ao receber instruções na meditação, como "acompanhe a respiração", é natural achar que existe uma maneira certa de fazer isso. Se conseguir manter a atenção na respiração – no caso da ilustração anterior, dentro da largura de banda indicada pelo sombreado dentro da seta –, então você estará "fazendo certo". E sempre que sua atenção divagar e sair dessa largura de banda, você estará "fazendo errado".

Mas eis o que efetivamente acontece com quase todas as pessoas quando elas se envolvem pela primeira vez com essa prática.

A atenção se perde em uma jornada própria...

Acompanhe a respiração...

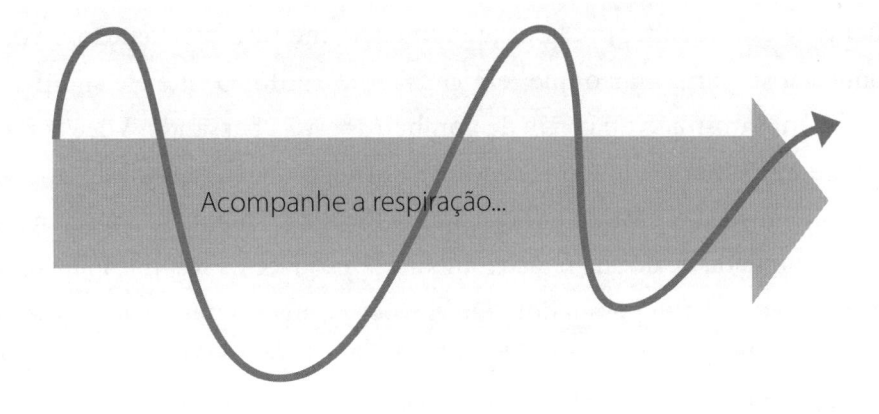

VOCÊ SE ESQUECE E SE LEMBRA DA SUA INTENÇÃO

Você decide meditar – prestar atenção à respiração, apenas por mais ou menos 10 minutos – e logo se esquece de fazer isso. Você se afasta dessa intenção e, em vez disso, começa a usar a oportunidade de alguns momentos tranquilos para planejar um pouco. Você revê sua lista de coisas a fazer e ensaia, mentalmente, tudo o que precisa executar hoje. Você se perde nisso por alguns momentos e depois, de alguma maneira, se lembra – você pretendia meditar –, então põe a lista de lado e volta para a meditação. No entanto, você logo se esquece dessa intenção e começa a ter um pequeno sonho: "Ummm... se eu ganhasse na loteria... como gastaria o dinheiro?". Você sonha por algum tempo, depois se lembra da sua intenção, para de sonhar e retorna a ela. Em seguida, se esquece da intenção e começa a cochilar. Você se acomoda nesse cochilo e permanece assim por algum tempo, depois volta a se lembrar da sua intenção, talvez se endireitando e entreabrindo os olhos, e retorna à meditação.

Você se esquece, repetidamente, da sua intenção de meditar.

VOCÊ SE ESQUECE E SE LEMBRA DE PRESTAR ATENÇÃO

Você decide prestar atenção em sua respiração, mas logo depois outra coisa acontece e desvia seu foco. Talvez um ruído vindo de fora da sala na qual você está meditando. Isso capta imediatamente a sua atenção, e você começa a se perguntar o que terá causado o ruído. O que ele significa? Talvez um caminhão do corpo de bombeiros esteja passando. Você começa a querer saber onde é o incêndio... Em seguida, se lembra de prestar atenção em sua respiração e traz a mente de volta. Depois se conscientiza de uma pontada de dor na região lombar e se esquece da respiração quando sua atenção se volta para a dor. Talvez você comece a pensar no assunto: "Por que minhas costas estão doendo? Será que é por causa da maneira como carreguei aquela bolsa pesada na semana passada...?". Então você se lembra da respiração e traz a atenção de volta.

Você se esquece e se lembra, repetidamente, de prestar atenção em sua respiração.

VOCÊ SE ESQUECE E SE LEMBRA DA ATITUDE

Você começa com a intenção de levar a atenção para a respiração com uma atitude amável e curiosa. No entanto, logo se esquece dessa atitude. A sua mente não para de divagar, e você começa a ficar irritado consigo mesmo – "Vamos lá, isto não é astronomia, basta acompanhar a respiração. Por que não consigo fazer uma coisa tão simples?". Em seguida, se lembra da atitude e retoma uma abordagem mais gentil: "Bem, de fato as mentes divagam, isso é normal, vou deixar que aconteça...". Você permanece um pouco assim até que, por exemplo, ouve novamente um barulho do lado de fora – talvez uma britadeira comece a funcionar na rua a algumas quadras da sua casa. "Como esta cidade é barulhenta! É impossível meditar ou fazer qualquer coisa! Eles não têm consideração... que absurdo fazer esse tipo de trabalho no fim de semana, quando as pessoas estão tentando relaxar..." Neste ponto você se lembra da atitude de suavidade, amabilidade, curiosidade, aceitação e reduz sua resistência ao ruído, para de tentar se defender dele e, talvez, o ritmo se torne até mesmo uma batida reconfortante no segundo plano. Pouco depois, alguma coisa começa a incomodá-lo na entonação das instruções da meditação que você está escutando. Mas então se lembra da atitude, abandona a irritação e volta a se acomodar na meditação.

Repetidamente, você se esquece e se lembra da atitude que está procurando trazer para a meditação.

Agora, eis o que é formidável: cada vez que você se esquece é uma oportunidade para que se lembre. E cada vez que você se lembra é como se você estivesse assentando minúsculos depósitos nas vias neurais conectadas com intenção prolongada, atenção prolongada e uma atitude de gentileza e curiosidade.

A ideia de que o cérebro é alterado por nossos padrões de comportamento é bastante conhecida hoje em dia. Os taxistas de Londres que precisam decorar milhares de itinerários na cidade, por exemplo, têm um volume de massa cinzenta significativamente maior nas partes do cérebro especializadas em navegação. Essa capacidade do cérebro de se remodelar e se reprogramar em resposta ao comportamento é chamada de "neuroplasticidade", e o segredo da neuroplasticidade é a repetição do comportamento ao longo do tempo. Se você fizer algo apenas algumas vezes, isso poderá não ter um grande impacto, mas se fizer milhares de vezes, você começará a reestruturar seu cérebro.

A maioria das pessoas que realizam um curso de atenção plena e cumprem os requisitos da prática em casa por oito semanas pegará a sua mente divagando milhares de vezes. Isso significa milhares de oportunidades para se lembrar da *intenção* de prestar *atenção* com uma *atitude* de curiosidade delicada e amável.

As pessoas dizem com frequência: "Não consigo meditar; eu tentei, mas simplesmente não consigo esvaziar a mente" ou "Não consigo interromper meus pensamentos". Espero que, agora, você entenda que essa não é a questão. A questão é apenas notar e voltar, notar e voltar – repetidamente. Cada esquecimento, seja no âmbito da intenção, da atenção ou da atitude, é uma oportunidade para voltar, e cada volta – cada vez que você se lembra – é como se estivesse assentando os depósitos vitais nas vias neurais que você deseja desenvolver. Cada ato de esquecimento e subsequente reminiscência é como levantar peso na academia. Pouco a pouco, repetidamente, você desenvolve o músculo mental e o emocional.

Além disso, a cada vez que realiza esse exercício, você cultiva outra qualidade da consciência, cultiva a atenção plena. O processo envolve mais a *conscientização* dos pensamentos do que a interrupção deles. Quando você está mais consciente do que se passa na sua mente a cada momento, mais consciente de seus pensamentos, sentimentos, sensações e impulsos, você pode, gradualmente, começar a exercer mais escolhas com relação a eles.

QUADRO 3: QUATRO HABILIDADES FUNDAMENTAIS

A mente divaga, e você a traz de volta, repetidamente. Em decorrência disso, você começa a desenvolver, entre outras coisas, quatro habilidades fundamentais.

1. A habilidade de perceber que a sua atenção não está onde você deseja que ela esteja

No dia a dia, nossa mente costuma divagar, e não percebemos esse fato. Você pode, por exemplo, estar sentado à mesa, planejando a semana de trabalho, e sua atenção se desviar gradualmente: você começa a pensar sobre as férias que quer agendar ao chegar em casa à noite. Em seguida, começa a pensar na lavanderia e faz uma anotação para se lembrar de pegar as roupas a caminho de casa, depois começa a planejar o que vai comer à noite... e assim por diante.

Com o treinamento da atenção plena, você se tornará mais versado em notar onde está a sua atenção a cada momento.

2. A habilidade de retirar a atenção de onde você não quer que ela esteja

Você pode ter notado como seus pensamentos, sonhos e divagações mentais costumam ter uma espécie de aderência – talvez até mesmo um grau de compulsão. Sua mente continua a se desviar para a sua lista de coisas a fazer ou para pensamentos ligados a eventos passados ou futuros. Você pode estar ansioso com relação ao que está por vir e arrependido do que passou, ou pode estar satisfeito e encantado com o que está por vir e achando o que passou razoável. No entanto, independentemente de como essas coisas se pareçam para você, com frequência pode ser difícil abandoná-las.

Com o treinamento da atenção plena vai ficando cada vez mais fácil enxergar esses mecanismos em funcionamento e abandoná-los, retirando a atenção do passado e do futuro.

3. A habilidade de colocar a atenção onde você quer que ela esteja

Você descobrirá repetidamente neste curso que sua mente divagou. Traga-a repetidamente de volta para o foco escolhido. Se você se dedicar com regularidade à prática em casa, desenvolverá, de forma gradual, as vias neurais associadas à atenção prolongada.

4. A habilidade de manter a atenção onde você quer que ela esteja

Gradualmente, com o tempo, seus "músculos" da atenção começarão a se desenvolver.

Com o treinamento da atenção plena, você irá se tornar mais competente em sustentar um certo grau de atenção prolongada no momento presente e mais capaz de manter a atenção onde você deseja que ela esteja. Isso apenas requer tempo, paciência e uma delicada persistência.

Seja delicado com a mente que divaga

As mentes divagam, e é fácil ficar irritado consigo mesmo. Mas nada disso ajuda. Você só precisa conduzir, com delicadeza e amabilidade, a atenção de volta para o local que a orientação da prática sugere. Apenas execute os exercícios e seja paciente consigo mesmo. Na realidade, não há nada importante a ser alcançado aqui. Tudo o que você está fazendo é reparar no que a sua mente está "aprontando". No momento em que você reparar nisso, mesmo que esteja a centenas de quilômetros do lugar que a orientação da meditação havia sugerido para a sua atenção, você estará novamente atento. A atenção plena envolve apenas notar o que está de fato acontecendo – em cada momento.

QUADRO 4: ATITUDES ATENTAS

Aqui estão relacionadas, sem uma ordem particular, várias qualidades de atitude associadas ao treinamento da atenção plena que, espero, começarão a surgir para você durante o curso.

IMPARCIALIDADE. Quando está atento, você apenas deixa o que está aqui ser o que está aqui. Você presta atenção a cada momento presente sem fazer avaliações ou categorizações. Ser imparcial não é o mesmo que ser incapaz de discernir o que é mais apropriado. Na realidade, a imparcialidade abre caminho para o discernimento, porque ao ser capaz de deixar o que é o caso ser o caso você pode decidir mais conscientemente o que fazer sobre o assunto.

AUSÊNCIA DE ESFORÇO. A prática da atenção plena não está voltada para uma meta. Você simplesmente a pratica, sem estar apegado a um resultado particular. Não há nada a ser alcançado. Você só presta atenção – até o ponto que conseguir.

DESAPEGO. Na prática formal da atenção plena, você desiste de se agarrar a um resultado, deixando que o processo se desdobre.

ACEITAÇÃO. O que aparece aparece. Ao praticar, você apenas reconhece as coisas como elas são em cada momento presente.

PACIÊNCIA. A prática da atenção plena não pode ser acelerada. Tudo se desenrola no seu próprio tempo.

CONFIANÇA. Com a prática, você começa a confiar em sua experiência, que vai desabrochando. Ela é o que é, e você se torna muito mais capaz de *estar com ela* como ela é.

ABERTURA. Quando está atento, você vê as coisas de uma nova maneira, como se as visse pela primeira vez.

CURIOSIDADE. Com a atenção plena, você começa a descobrir um espírito de interesse, investigação e exploração. Em cada novo momento há algo a ser descoberto.

DIMINUIR O CONTROLE. Com a atenção plena, você aprende a não se agarrar a pensamentos, sentimentos, sensações e impulsos efêmeros. Eles vêm e vão embora.

DELICADEZA. A atenção plena possui uma qualidade atenciosa e meiga. No entanto, ela não é passiva, indisciplinada ou indulgente. Mais exatamente, uma atitude generalizada de amável franqueza está presente.

AUSÊNCIA DE REATIVIDADE. Quando está atento, você começa a responder às coisas com consciência e clareza, em vez reagir automaticamente, de uma maneira habitual e condicionada.

TERNURA. De maneira gradual, um pouco mais de cordialidade, benevolência e até mesmo amor pode começar a se propagar por sua experiência.

COMO ENTENDER OS PENSAMENTOS E OS SENTIMENTOS

Como você notou na meditação da atenção plena na respiração, a mente não para de tagarelar. Nós executamos uma espécie de monólogo interior, o qual, frequentemente, envolve um comentário sobre o que estamos vivenciando. Isso não é nem certo nem errado, é apenas o que fazemos. Mas pode ser proveitoso perceber alguns dos mecanismos ativados nesse comentário.

Eis um exercício capaz de começar a lançar alguma luz sobre como isso funciona às vezes.

Assuma uma posição confortável, feche os olhos e imagine o seguinte cenário:

- Você está caminhando, certo dia, pela rua.
- Então avista do outro lado da rua uma pessoa que você conhece.
- Você sorri e acena.
- A outra pessoa parece não perceber nada e simplesmente continua a caminhar.

Que pensamentos, sentimentos, sensações e impulsos surgiram enquanto você imaginava esse cenário?

Apenas os observe por um instante antes de prosseguir a leitura.

Ao realizarmos esse exercício com um grupo em um típico curso de atenção plena, eis alguns dos comentários que costumamos ouvir:

Pensamentos	Sentimentos	Sensações	Impulsos
O que eu fiz para aborrecê-la?	Preocupação	Aperto no estômago	Correr atrás dela para descobrir
Eu sei que ninguém gosta de mim...	Solidão	Vazio	Continuar a andar
Isso mesmo, não me dê atenção!	Raiva	Dentes cerrados	Fazer cara feia também!
Ele está preocupado. Será que está bem?	Consideração	Leve enrugamento da testa	Entrar em contato mais tarde

Em situações como a que você acabou de imaginar, todos temos reações diferentes e é provável que cada um de nós reaja de uma maneira diferente em cada ocasião, dependendo da disposição de ânimo com que encaramos a situação. Mas repare no que está acontecendo aqui.

1. **Há um evento.**
   Nesse caso, você caminha pela rua, vê uma pessoa que conhece do outro lado da rua, sorri e acena... e ela simplesmente continua a andar.

2. **Você interpreta o evento.**
   "Eu a aborreci..."; "Ninguém gosta de mim..."; "Ela não está me dando atenção..."; "Ele está preocupado..."

3. **Sua interpretação dá origem a diferentes sentimentos.**
   Podem surgir sentimentos de preocupação, solidão, raiva ou consideração. Esses pensamentos e sentimentos, por sua vez, afetam outras partes da sua experiência – eles causam diferentes sensações corporais, impulsos ou comportamentos. Assim sendo, você tem uma imagem da experiência mais ou menos assim:

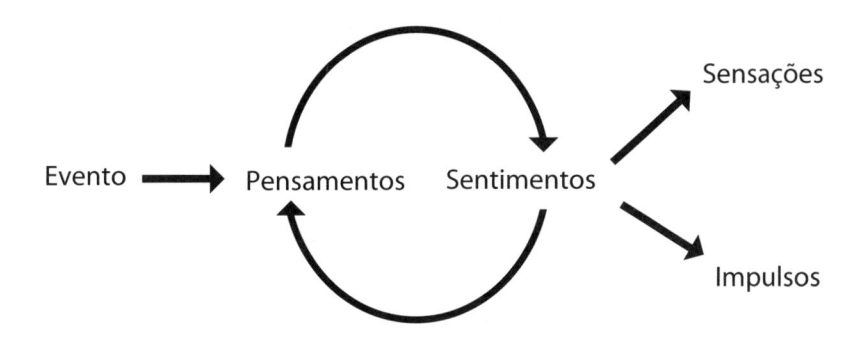

Evento → Pensamentos ⇄ Sentimentos → Sensações / Impulsos

É assim que processamos os eventos. Não é nem certo nem errado – é apenas como a mente funciona. Mas, quando tudo isso acontece no piloto automático, como costuma ocorrer, poderíamos descrevê-lo como um processo de "reação". Ocorre um evento – alguém passa pela rua e não responde ao seu aceno –, e você reage: fica triste, preocupado, zangado ou sente alguma outra coisa.

O monólogo interior – a constante tagarelice que você nota ao se sentar para meditar – distorce a maneira como você vivencia o mundo e é, por sua vez, distorcido por ela. Não raro é muito difícil perceber isso. Os eventos acontecem, nós os interpretamos e reagimos muito rapidamente. Imagine que você está andando apressado para pegar um trem em uma estação superlotada e alguém esbarra com força em você. Você reage instantaneamente, com irritação ou até mesmo com raiva, e depois nota os óculos escuros e a bengala branca dessa pessoa, percebe que ela tem uma deficiência visual e, também instantaneamente, a irritação ou a raiva é substituída por um sentimento de consideração. As coisas podem ser assim bem rápidas.

Com oito semanas de prática da atenção plena você não vai parar por completo de reagir. Mas, ao começar a praticar e reparar um pouco mais no seu monólogo interior, você se dará conta de estar reagindo com menos frequência. O treinamento da atenção plena torna uma escolha disponível. Em vez de apenas reagir, você descobre que começa a "responder" um pouco mais. As reações são, em grande medida, inconscientes, ao passo que as respostas procedem mais da conscientização e da escolha consciente.

QUADRO 5: CORRENTE 1
PRÁTICA EM CASA PARA A SEGUNDA SEMANA

- Realize novamente a meditação *body scan* durante pelo menos seis dias da próxima semana. Use "O *Body Scan* (Versão Longa)" (⬇2 ⏱25 min.) como orientação. Da mesma forma que antes, não espere sentir nada em particular ao realizar essa meditação; apenas faça o possível para colocar de lado todas as expectativas a respeito dela. Simplesmente deixe que a sua experiência seja a sua experiência.

- Em outro momento, pratique a meditação da atenção plena na respiração por 10 minutos, durante seis dias. Use a "Atenção Plena na Respiração (Versão de 10 min.)" (⬇4 ⏱10 min.) como orientação. Relacionar-se com a sua respiração dessa maneira, todos os dias, é uma oportunidade para você se conscientizar de como é estar conectado e presente no momento sem precisar fazer nada.

- Complete o "Diário de eventos agradáveis" (*consulte a página 95*), com uma anotação por dia. Use isso como uma oportunidade de se tornar mais plenamente consciente dos pensamentos, sentimentos, sensações e impulsos que acompanham um evento agradável a cada dia. Observe-os e registre-os tão logo se sinta à vontade para fazer isso. Você pode, por exemplo, registrar quaisquer palavras ou imagens que tenham ocorrido com os seus pensamentos ou a natureza e a localização exata de suas sensações corporais. Mas não se esforce demais nisso, porque se trata apenas de um guia para ajudá-lo a reparar nas coisas.

- Escolha uma nova atividade rotineira na qual ficar especialmente atento – a sua primeira xícara de chá ou café, o escovar os dentes, o tomar banho, se secar, se vestir, o caminhar até o ônibus, trem ou carro, o comer... qualquer coisa que você faça todos os dias. Novamente, apenas tome a decisão de saber o que está fazendo enquanto o estiver fazendo.

QUADRO 6: CORRENTE 2
PRÁTICA EM CASA PARA A SEGUNDA SEMANA

- Realize novamente a meditação *body scan* durante pelo menos seis dias da próxima semana. Use "O *Body Scan* (Versão Curta)" (⬇3 ⏱11 min.) como orientação. Da mesma forma que antes, não espere sentir nada em particular ao realizar essa meditação; apenas faça o possível para colocar de lado todas as expectativas a respeito dela. Simplesmente deixe que a sua experiência seja a sua experiência.

- Em outro momento, pratique a meditação da atenção plena na respiração por 5 minutos, durante seis dias. Use a "Atenção Plena na Respiração (Versão de 5 min)" (⬇5 ⏱5 min.) como orientação. Relacionar-se com a sua respiração dessa maneira, todos os dias, é uma oportunidade para você se conscientizar de como é estar conectado e presente no momento sem precisar fazer nada.

- Complete o "Diário de eventos agradáveis" (*consulte a página 95*), com uma anotação por dia. Use isso como uma oportunidade de se tornar mais plenamente consciente dos pensamentos, sentimentos, sensações e impulsos que acompanham um evento agradável a cada dia. Observe-os e registre-os tão logo se sinta à vontade para fazer isso. Você pode, por exemplo, registrar quaisquer palavras ou imagens que tenham ocorrido com os seus pensamentos ou a natureza e a localização exata de suas sensações corporais. Mas não se esforce demais nisso, porque se trata apenas de um guia para ajudá-lo a reparar nas coisas.

- Escolha uma nova atividade rotineira na qual possa ficar especialmente atento – a sua primeira xícara de chá ou café, o escovar os dentes, o tomar banho, se secar, se vestir, o caminhar até o ônibus, trem ou carro, o comer... qualquer coisa que você faça todos os dias. Novamente, apenas tome a decisão de saber o que está fazendo enquanto o estiver fazendo.

QUADRO 7: DIÁRIO DE EVENTOS AGRADÁVEIS

Preste atenção em um evento agradável a cada dia (consulte a tabela a seguir).

Dia	Qual foi a experiência?	Como seu corpo se sentiu – detalhadamente – durante essa experiência?	Que sentimentos acompanharam o evento?
Exemplo	A caminho do trabalho, parei para captar a fragrância de um arbusto.	De ombros caídos e peito aberto, senti um sorriso.	Um pequeno sentimento de alegria e otimismo.
Segunda-feira			
Terça-feira			
Quarta-feira			
Quinta-feira			
Sexta-feira			
Sábado			
Domingo			

Que pensamentos passaram por sua mente na ocasião?	Que impulsos acompanharam o acontecimento?	O que você está pensando agora, enquanto escreve estas linhas?
Ah!, finalmente – a primavera está chegando.	O de apenas parar por um momento e desfrutá-lo.	Sim, a primavera está mesmo a caminho. Isso é maravilhoso.

TERCEIRA

SEMANA

ATENÇÃO PLENA DO CORPO EM MOVIMENTO

ENTENDER SEU CORPO

Neste curso você presta muita atenção em seu corpo. Isso acontece porque o corpo desempenha um grande papel em sua vida. Mesmo pequenas mudanças nele podem causar um impacto significativo na maneira como você sente e pensa.

Em um famoso estudo conduzido em 1988, solicitou-se aos participantes que segurassem um lápis entre os dentes enquanto avaliavam o grau de humor em alguns *cartuns*. Um dos grupos recebeu instruções para segurar o lápis no sentido do comprimento, de uma maneira que obrigava a boca a imitar um sorriso. Os outros foram instruídos a segurá-lo entre os lábios, sem tocar o lápis nos dentes. Isso forçava seus músculos faciais a se contraírem, o que resultava em uma expressão carrancuda. Os autores do estudo formularam a hipótese de que os participantes que haviam sido levados a sorrir considerariam os *cartuns* mais engraçados do que os que tinham sido levados a assumir uma expressão carrancuda – e foi exatamente o que ocorreu.

O que acontece no seu corpo afeta o que ocorre na sua mente. A boa notícia é que, se você mudar o relacionamento com o seu corpo, você poderá fazer mudanças realmente benéficas em sua vida.

Hoje em dia, muitos de nós passamos tanto tempo com foco em nossa mente que podemos nos esquecer de que temos um corpo. Toda a nossa atenção tem-se concentrado em pensar, planejar, analisar, recordar, comparar e remoer pensamentos. Com o tempo, essa concentração excessiva pode debilitar nosso bem-estar. E as coisas não estão ficando mais fáceis: à medida que o mundo digital se torna mais sofisticado e sedutor, exigindo progressivamente a nossa atenção, uma parte cada vez maior da nossa vida é levada de maneira virtual. Assim, podemos passar por ela como se fôssemos nuvens digitais presas em varetas, em vez de seres humanos plenamente corporalizados.

Além de tudo isso, várias pessoas não gostam muito do próprio corpo. A mídia à nossa volta nos apresenta imagens de uma perfeição física inatingível, e podemos vir a pensar que não somos magros, fortes, jovens, altos ou atraentes o bastante.

Por isso, em algum lugar no fundo da nossa mente, todos sabemos que, um dia, o nosso corpo nos desapontará de forma dramática – porque o corpo não dura para sempre.

O resultado é que, com frequência, não tratamos nosso corpo com muita delicadeza. Podemos nos distanciar ligeiramente dele, não fazendo caso das mensagens que ele nos envia. Isso pode dar origem a um profundo transtorno, bem no âmago do nosso ser, porque, como a mente e o corpo são um único organismo, desconsiderar o corpo significa desconsiderar uma parte enorme de nós mesmos.

Alguns dos pensamentos emocionalmente carregados que causam sofrimento têm sinais precoces no corpo. Neste curso, você irá aprender a interpretá-los com certa precisão e a levar uma curiosidade delicada e cordial ao que você encontra no corpo a cada momento. Dessa maneira, você aprenderá a "entender" o seu corpo e a restabelecer uma antiga conexão que a vida moderna abala com enorme facilidade. Aprenderá a ler seu corpo de modo mais preciso, e isso poderá lhe dizer bastante sobre o que está acontecendo – com você mesmo, com os outros e com o mundo à sua volta.

ALONGAMENTO ATENTO

Nas duas primeiras semanas do curso, você meditou deitado no exercício do *body scan* e meditou sentado na meditação da atenção plena na respiração. Agora vamos praticar a atenção plena em movimento e levar essa mesma qualidade de atenção ao momento presente às sensações em seu corpo enquanto você o alonga.

O alongamento traz uma série de benefícios imediatos à saúde e ao bem-estar. Muitos de nós passamos grande parte do tempo sentados, imóveis, e isso pode ter consequências realmente adversas na saúde. Um estudo publicado em 2012 descobriu que, quanto mais tempo a pessoa passa sentada todos os dias, maior o risco de ela ter uma morte prematura, mesmo que se exercite com regularidade. Desse modo, com o alongamento atento, você inicia um processo de levar a atenção plena ao movimento.

TRABALHAR O LIMITE

No caso de muitas pessoas, esses alongamentos começarão a levá-las ao limite da sua zona de conforto, o que não é uma coisa ruim. Isso não acontece porque, de uma maneira punitiva, os professores de atenção plena acham que "se não doer, não está fazendo bem". Muito pelo contrário. A ideia aqui é começar uma exploração atenta – e, portanto, delicada e amável – dos *limites* dessa zona de conforto, porque é nesse limite que experiências de fato proveitosas podem acontecer.

Grande parte do tempo, organizamos a nossa vida física, mental e emocional de uma maneira que nos permita permanecer dentro de uma zona de conforto familiar. Os alimentos que comemos, os lugares que frequentamos, os pensamentos que temos, as pessoas com quem nos associamos, o modo como nos vestimos, os movimentos que fazemos: tudo isso se acomoda, com o tempo, a um padrão de confortável familiaridade. O conhecido e o familiar, mesmo que não raro envolvam uma situação dolorosa, pelo menos são nossos.

QUADRO 1: A VELHA E O CESTO DE PEIXES

Era uma vez uma velha que morava à beira-mar. Ela ganhava a vida comprando peixes dos pescadores locais e levando-os para a cidade, a vários quilômetros da costa, onde montava a sua barraca no mercado local e vendia os peixes frescos do seu cesto. Ela tinha bons amigos no mercado, em especial o florista da barraca vizinha à dela. E esses dois velhos amigos riam e fofocavam juntos o dia inteiro.

A vida era boa. Só havia um problema: os bandidos. A estrada entre a costa e o mercado era notoriamente infestada de bandidos, e qualquer pessoa que voltasse para casa no escuro, sobretudo uma velha que houvesse ganho várias moedas vendendo peixe no mercado, era uma presa fácil para eles.

Por esse motivo, a vendedora de peixes fazia questão de sempre sair do mercado antes do anoitecer, a fim de poder chegar em segurança à sua cabana à beira-mar. A estrada era segura durante o dia. O número de pessoas que passavam por ela era grande demais para que os bandidos pudessem agir.

Certo dia, no entanto, ela ficou bastante absorta na conversa com o amigo. Eles estavam se divertindo tanto que ela se esqueceu da hora e, de repente, se deu conta, assustada, de que estava escurecendo.

"Oh, não", ela disse. "Os bandidos! Não tenho coragem de ir para casa agora. O que vou fazer?"

"Não se preocupe, minha querida", seu amigo florista retrucou, "há bastante espaço onde eu moro aqui na cidade. Venha para casa comigo. Você pode dormir no aposento onde guardo minhas flores".

Desse modo, os dois amigos passaram uma alegre noite juntos, conversando e rindo.

Então a vendedora de peixe recebeu um saco de dormir e uma coberta e se preparou para repousar. No entanto, ela não conseguia dormir. Começou a se revolver no saco, mas não encontrou nenhuma posição confortável.

De repente, ela compreendeu o que estava acontecendo: a fragrância adocicada das flores a estava perturbando. Então ela pegou seu velho cesto de peixe fedorento, com seu reconfortante cheiro de peixe velho, colocou-o sobre a cabeça e logo pegou no sono.

É assim que as coisas costumam acontecer conosco. Não raro nos sentimos à vontade apenas com o que é familiar, preferindo os nossos cestos de peixe, por vezes fedorentos, à agradável fragrância das flores.

Parte da prática formal em casa dessa semana é uma rotina de alongamento atento. Ao realizá-la, você começará a descobrir seu limite. Essa é uma oportunidade de, delicadamente, deixar suas defesas caírem, de apenas vivenciar o corpo como ele é em cada momento e observar qualquer tendência de competir consigo mesmo ou com pessoas imaginárias.

Veja se você consegue encontrar uma maneira de trabalhar com esse processo de modo a conduzi-lo até um limite, mas não além dele. Sempre trate a si mesmo com bondade e consideração. Caso sinta que um alongamento está exigindo demais de você, verifique como trabalhar com ele de uma maneira adequada a você em particular, porque os limites são diferentes – estamos trabalhando com as circunstâncias particulares do nosso próprio corpo. Não pode haver um "padrão genérico" aqui – tome a sua própria decisão. Seja desafiador, mas, acima de tudo, gentil.

O desconforto físico que você encontra ao realizar o alongamento atento oferece uma situação ideal para aprender como abordar o que é difícil e indesejado com curiosidade, suavidade, gentileza e coragem. As habilidades aprendidas nessa situação de desconforto físico poderão ser aplicadas mais tarde a situações de desconforto mental ou emocional.

Imagine ter as mãos acima da cabeça, alongando todo o corpo para o alto, e começar a sentir um desconforto nos ombros e nos braços.

Uma possibilidade – a opção de se esquivar – é recuar tão logo você sinta o menor desconforto. Nessa circunstância, você pode baixar os braços imediatamente ou direcionar sua atenção para alguma outra parte do corpo – talvez até para fora do corpo, para um fluxo de pensamentos ou imagens, por exemplo.

Outra possibilidade – a opção indelicada – é ranger os dentes, dizer a si mesmo que você tem de suportar a crescente dor e o desconforto, em vez de fazer um estardalhaço, como se esse fosse o objetivo da prática. Dessa maneira, você poderá até se pressionar a fazer um alongamento ainda mais intenso. Nesse caso, pode ocorrer o "entorpecimento" de qualquer conscientização das sensações físicas na parte do corpo em que o desconforto está localizado.

Trabalhar o limite com atenção envolve adotar uma terceira opção, a qual pode parecer, a princípio, um pouco anti-intuitiva. Em vez de evitar ou forçar, veja como é adotar uma atitude de "abordagem" e "aceitação". Experimente adotar um espírito de suave aceitação de cada momento e usar cada alongamento como uma oportunidade de expandir suas maneiras de se relacionar com o desconforto, a fim de atingir um equilíbrio entre a tendência de se retrair no primeiro sinal de uma situação desagradável – o que apenas reforçaria quaisquer tendências esquivantes que você possa ter – e a de obrigar a satisfazer algum padrão de resistência que você possa ter definido para si mesmo em um modo mental compulsivo.

Você pode encontrar esse equilíbrio por meio de um processo de tentativa e erro. Faça o possível para direcionar a atenção à área de intensidade, usando a respiração como veículo de conscientização dessa região, exatamente como fez no *body scan*.

Em seguida, com suave curiosidade, explore o que encontrar lá. Observe as sensações do corpo fluírem e se modificarem. Sinta-as, talvez se concentrando em como elas mudam de intensidade ao longo do tempo.

A ideia aqui não é manter uma postura até ela se tornar dolorosa. A intenção é se deslocar para uma zona na qual você vivencie o limite do seu movimento em qualquer alongamento ou postura e se demore nele por um tempo, sem forçar ou pressionar sensações fortes, mantendo a atenção nas sensações propriamente ditas. Veja como é se concentrar nas qualidades físicas dessas sensações, em qualquer impressão de tensão, retenção, ardência, tremor ou estremecimento, respirando com essas sensações. Deixe que seus pensamentos sobre o que significa sentir essas coisas apenas entrem e saiam da sua consciência.

Com esses alongamentos, você pode encontrar a zona adequada para "trabalhar o limite" e modificar o próprio limite. Isso poderá lhe conferir uma sensação de controle, poderá lhe proporcionar uma maneira de assumir uma orientação delicada e amável com relação a si mesmo, enquanto ainda estiver aprendendo a fazer as coisas de um jeito diferente.

A dor e o desconforto fazem parte da vida. De um jeito ou de outro, o corpo de todas as pessoas produzirá uma dor física de tempos em tempos. Para algumas, ela pode ser intensa e crônica. E todos temos de lidar com a dor mental e emocional em diferentes graus. Nada disso pode ser evitado. Ao aprender a trabalhar no limite, você poderá perceber que, quando a dor aparecer, você poderá cuidar de si mesmo avançando *em direção* a qualquer coisa que esteja sentindo, abraçando-a com percepção consciente e usando as mesmas qualidades de gentileza e delicada investigação utilizadas ao explorar a intensidade de um alongamento.

Nesses alongamentos, não tente forçar as coisas além do seu limite. Em vez disso, verifique como é avançar e abraçar qualquer intensidade que surja até sentir que atingiu seu limite atual de tolerância. Em seguida, de maneira intencional e com cuidado, desloque a atenção da região de maior intensidade e concentre-se em outro lugar, pronto para voltar à intensidade quando tiver reagrupado seus recursos. Pode ser um pouco como colocar o dedão na água aos poucos, no intuito de verificar a temperatura e, depois, devagar, mergulhar o corpo. Você não precisa se atirar de uma vez.

O MOVIMENTO CONSCIENTE COMO UMA FORMA PRÁTICA DE ATENÇÃO PLENA

A ideia aqui é tratar esses alongamentos de uma maneira um tanto diferente da que você talvez tenha usado antes, para se aquecer na academia, por exemplo, ou do que você talvez tenha encontrado em algumas aulas de yoga ou Pilates. O que distingue os alongamentos que você realizará na prática em casa é que você se dedica a eles *atentamente*.

Além de cultivar uma atitude de aceitação, de aproximar-se, em vez de evitar quaisquer sensações desafiadoras que possam surgir, há também a intenção clara de manter a atenção no instante presente, no que está de fato aparecendo no corpo de momento a momento. Como sempre, a mente irá divagar e, quando isso acontecer, apenas registre, por pouco tempo, para onde ela foi – "Ora, lá estava eu pensando de novo..." ou "Ora... planejando" – e, depois, com delicadeza e amabilidade, leve a atenção de volta aos alongamentos e às suas sensações corporais do momento presente – sejam elas quais forem.

O movimento e os alongamentos atentos também podem ser úteis quando você sente que está escorregando para um modo mental não criativo. Você pode realizar alguns alongamentos e recuperar a clareza mental prestando conscientemente atenção aos movimentos do corpo e às sensações que se apresentam enquanto você se alonga de maneira delicada.

ALONGAMENTOS

Há instruções de áudio na página de *download* para os alongamentos de movimento consciente que você realizará na prática em casa dessa semana. Escolha os alongamentos para a Corrente 1 (⬇6 ⏱15 min.) ou a Corrente 2 (⬇7 ⏱7 min.) de acordo com a sua situação. Talvez você queira tentar realizá-los agora, tendo em vista que o que você acaba de ler ainda está fresco em sua mente. Lembre-se de que o fundamental é a atitude atenta com que você realiza os alongamentos.

Se agora não for um bom momento para a realização de uma sequência completa de alongamentos, você pode tentar apenas esse. Como sempre, e acima de tudo, cuide de si mesmo, indo apenas até o ponto adequado para você e só mantendo o alongamento enquanto se sentir à vontade.

- Se desejar, fique em pé, com os braços ao longo do corpo. Você também pode realizar esse alongamento na posição sentada.
- Comece sentindo como é estar em pé ou sentado aqui, neste momento. Sinta os pés firmemente em contato com o chão. Sinta sua altura aumentando e seu peso diminuindo.
- Sinta a respiração deslocar-se por seu corpo.
- Seu peito está aberto, o abdômen e os ombros não oferecem resistência.
- Quando estiver pronto, levante os braços lateralmente até a altura dos ombros. Uma linha reta deve poder ser traçada da ponta dos dedos da mão esquerda, passando pelos ombros, até a ponta dos dedos da mão direita.
- Fique em pé por um momento, respire.
- Faça uma verificação. Observe qualquer tensão, retenção, qualquer parte do corpo que esteja tensa sem necessidade. Apenas reduza a resistência e se abra.
- Afaste a ponta dos dedos do corpo, ainda respirando.
- Agora, levante os dedos até onde for possível, apontando-os para o teto, enquanto faz força para fora com as palmas das mãos, e sinta o alongamento nas costas das mãos, nas palmas das mãos e, talvez, ao longo dos braços. Continue a respirar, a reduzir a resistência e a se alongar.
- Agora, veja como é apenas permanecer com esse alongamento por alguns momentos – tente deixar que quaisquer sensações de desconforto *sejam* somente sensações. Veja como é se aproximar delas,

com uma atitude de amável curiosidade – aceitando-as, deixando que elas sejam apenas como são. Explore, investigue.
- Depois, quando sentir que é o momento adequado, libere-se do alongamento e faça nova verificação. O que está acontecendo agora?

ALONGAMENTOS

Rotação na cintura

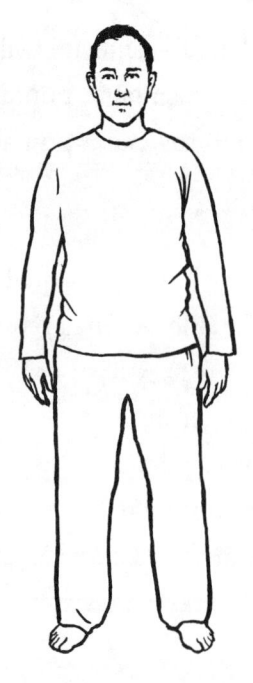

Em pé e respirando

Balanço: rotação na cintura, mãos golpeando as laterais

Balanço: rotação na cintura, mãos golpeando as laterais

Braços acima da cabeça, polegares enganchados, mãos levantadas

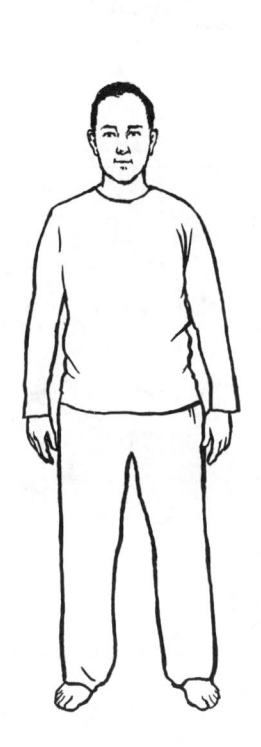

Em pé e respirando

Deixe os braços deslizarem para cima da cabeça

Enganche os polegares e levante os dedos

Braços estendidos para fora, palmas pressionadas para fora, dedos para cima

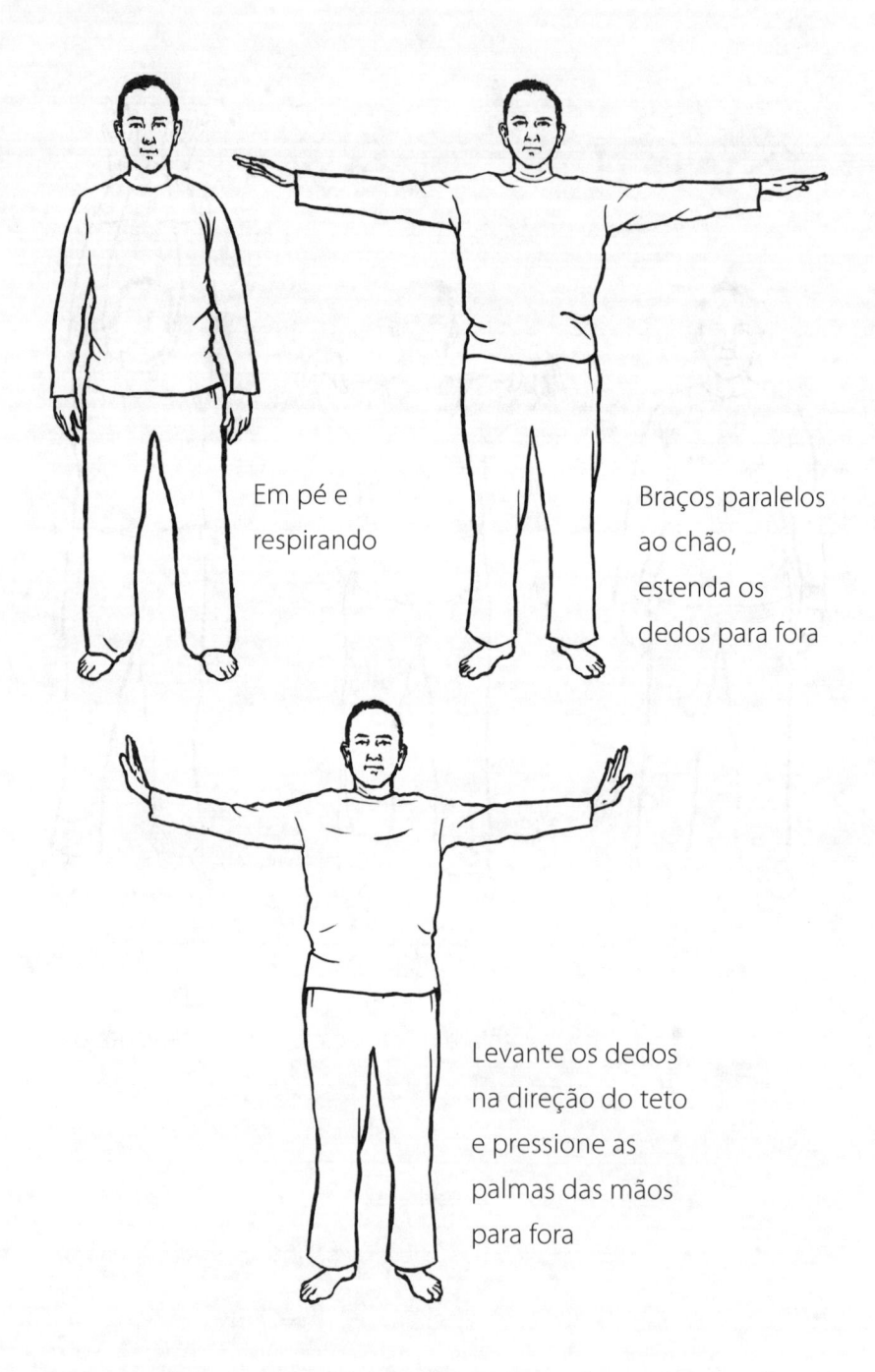

Em pé e respirando

Braços paralelos ao chão, estenda os dedos para fora

Levante os dedos na direção do teto e pressione as palmas das mãos para fora

Colhendo frutas

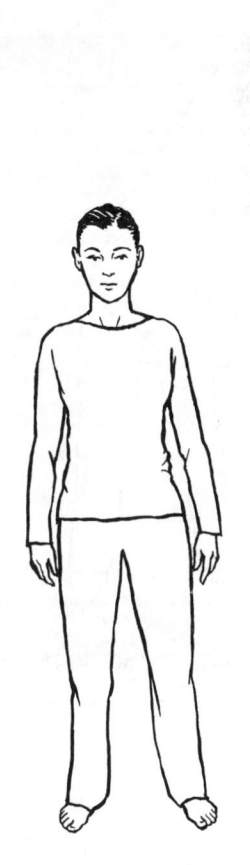

Em pé e respirando

Alongue o braço direito e os dedos da mão direita para cima, eleve o calcanhar esquerdo do chão

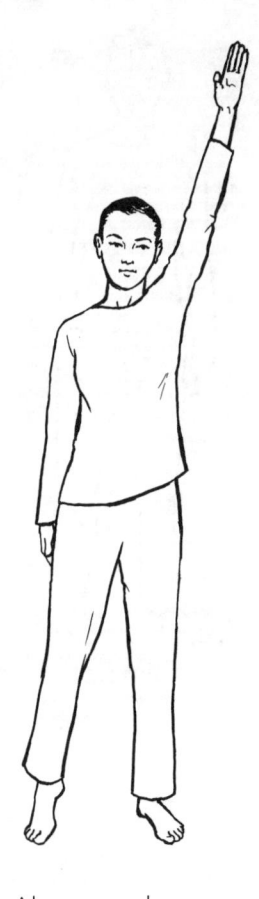

Alongue o braço esquerdo e os dedos da mão esquerda para cima, eleve o calcanhar direito do chão

Inclinações laterais

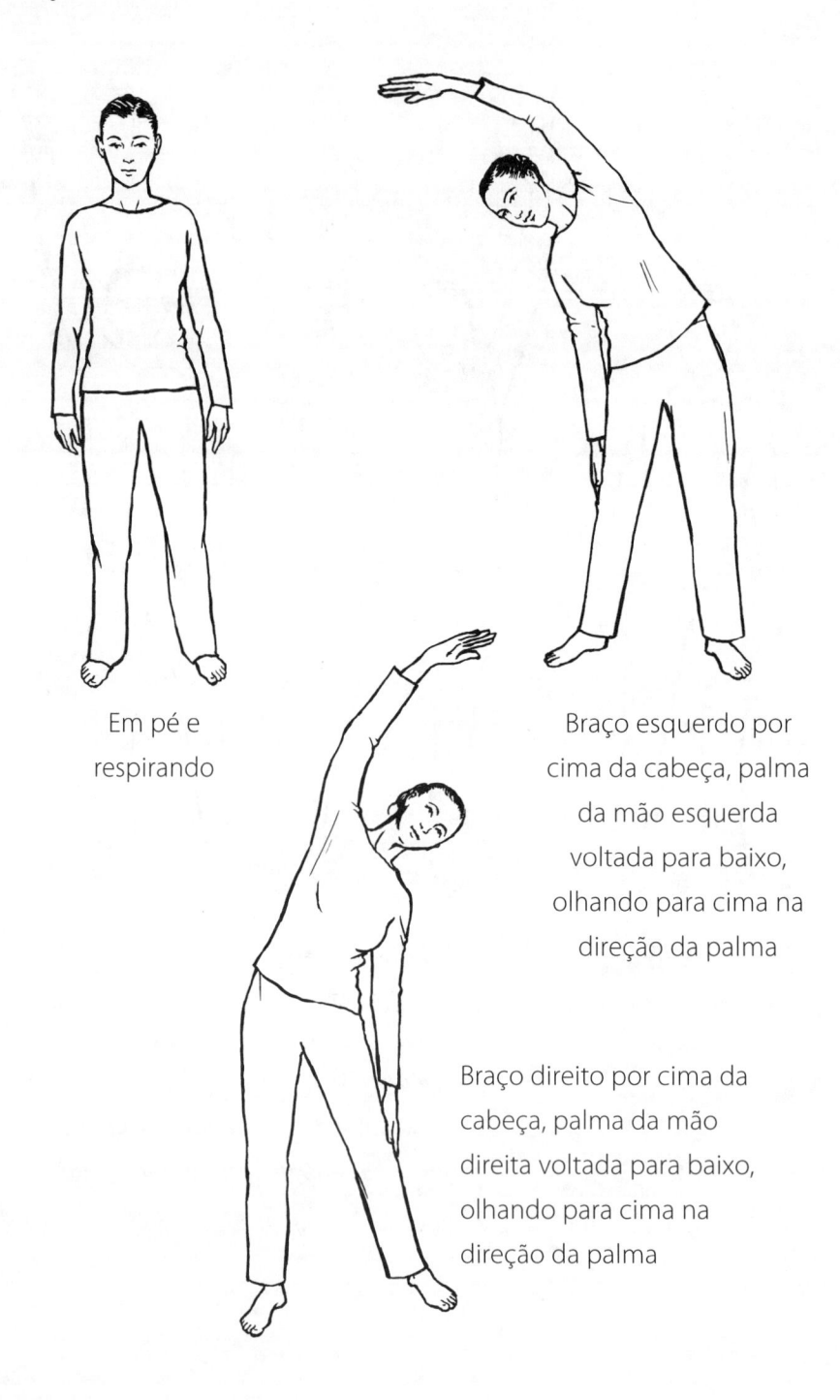

Em pé e respirando

Braço esquerdo por cima da cabeça, palma da mão esquerda voltada para baixo, olhando para cima na direção da palma

Braço direito por cima da cabeça, palma da mão direita voltada para baixo, olhando para cima na direção da palma

Rotação dos ombros

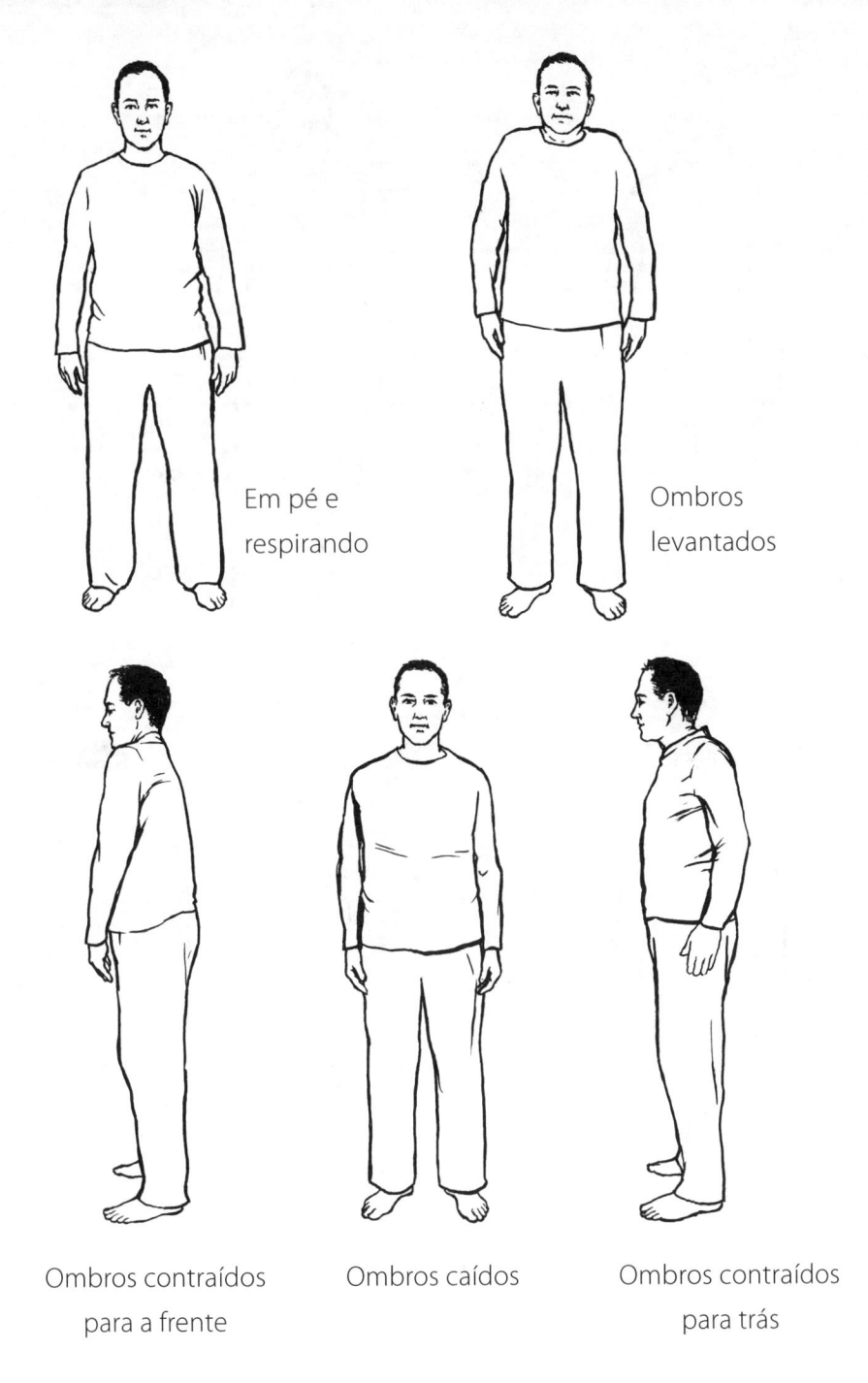

Em pé e respirando

Ombros levantados

Ombros contraídos para a frente

Ombros caídos

Ombros contraídos para trás

Rotação do pescoço

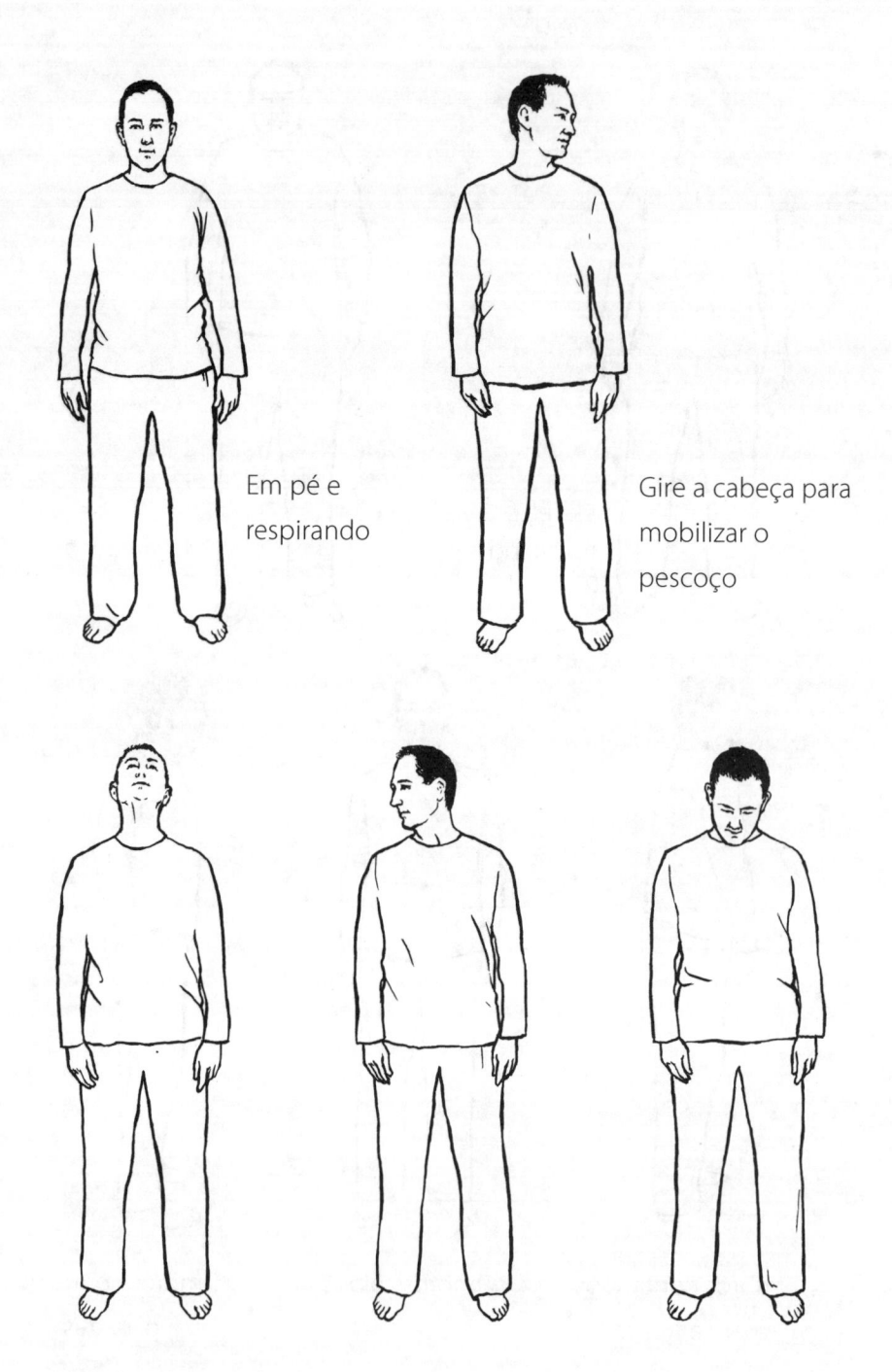

Em pé e respirando

Gire a cabeça para mobilizar o pescoço

Girando a cintura

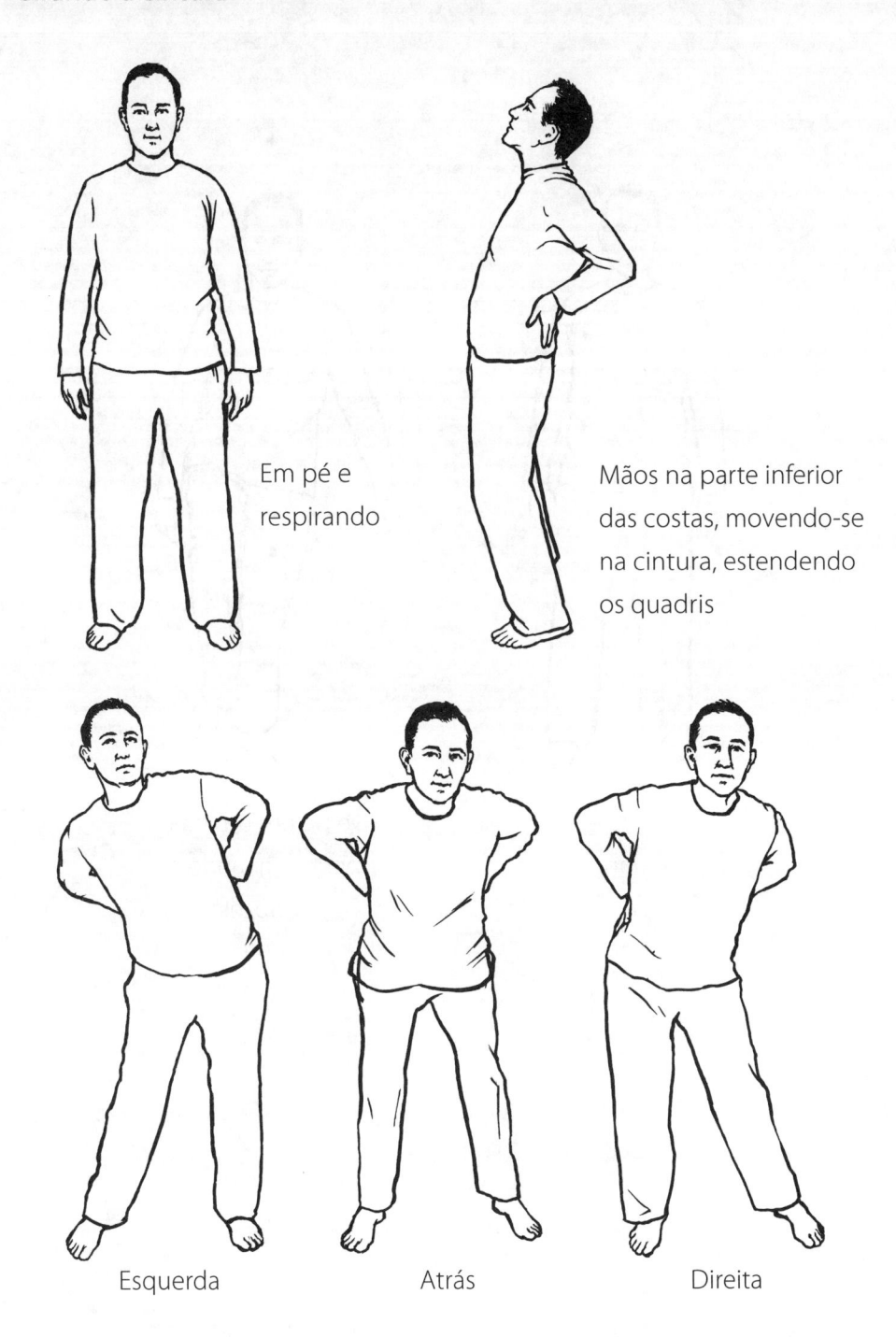

Em pé e respirando

Mãos na parte inferior das costas, movendo-se na cintura, estendendo os quadris

Esquerda　　　　　Atrás　　　　　Direita

Rotações do tornozelo

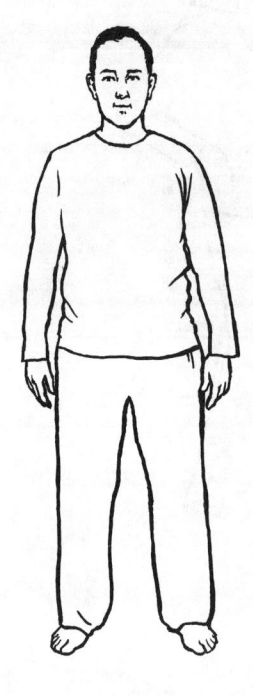

Em pé e
respirando

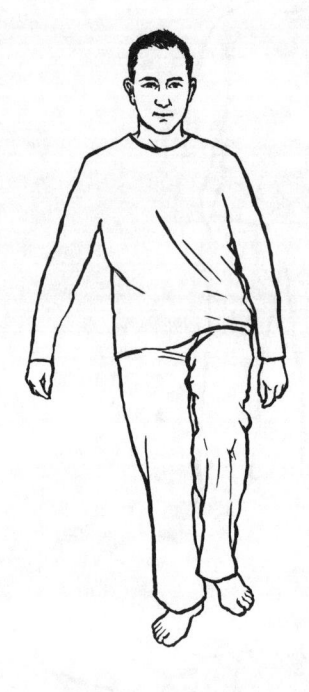

De pé em uma das
pernas, girando o
tornozelo

Inclinação para a frente

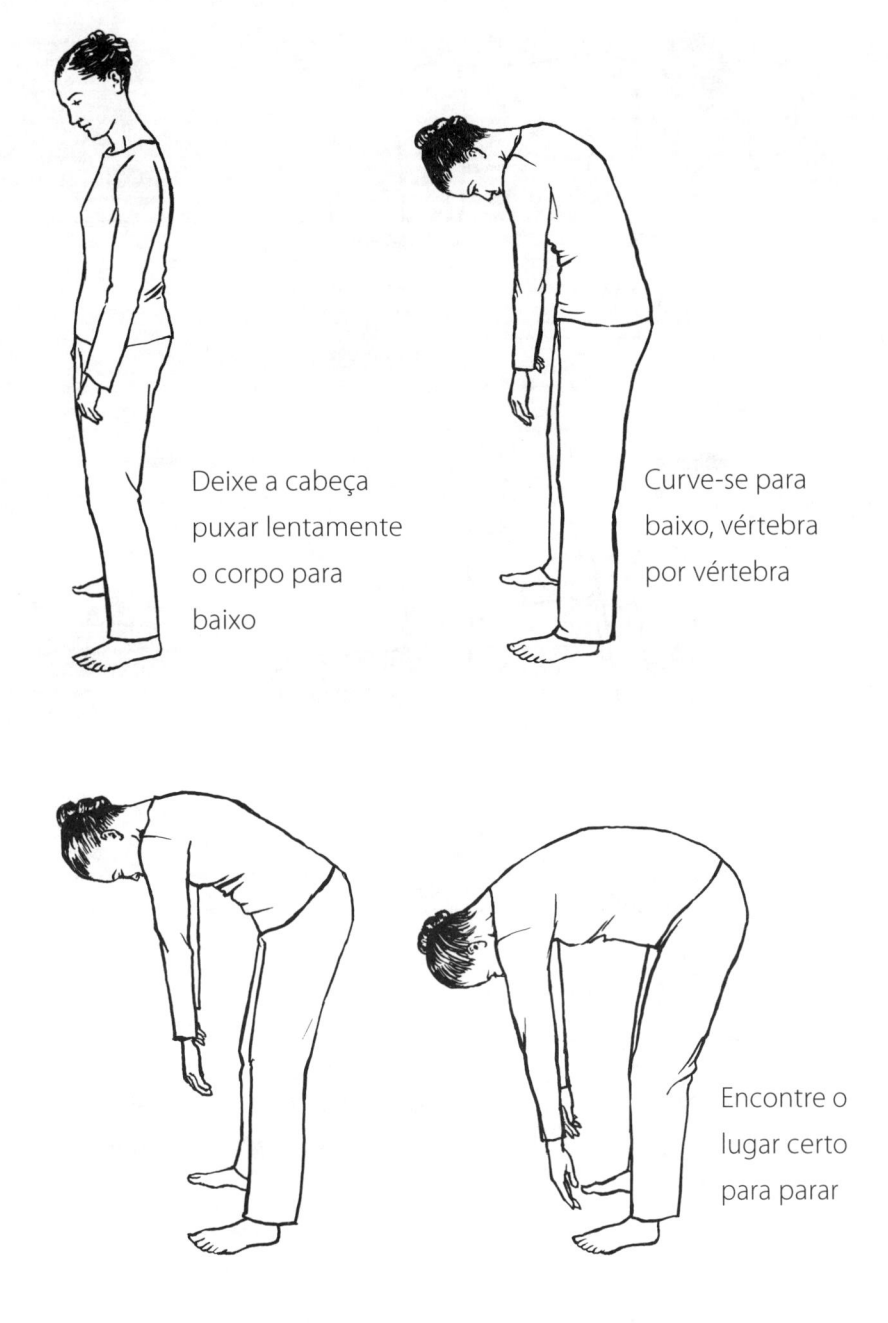

Deixe a cabeça puxar lentamente o corpo para baixo

Curve-se para baixo, vértebra por vértebra

Encontre o lugar certo para parar

Alongamento do gato e da vaca

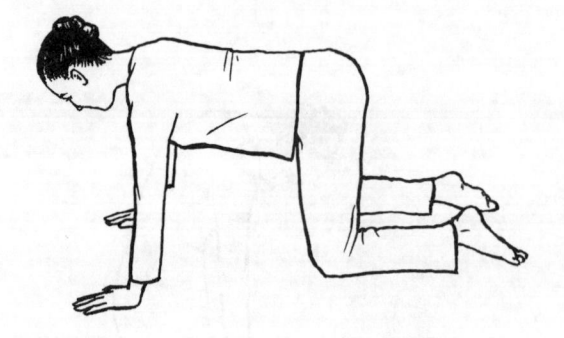

Coluna vertebral neutra

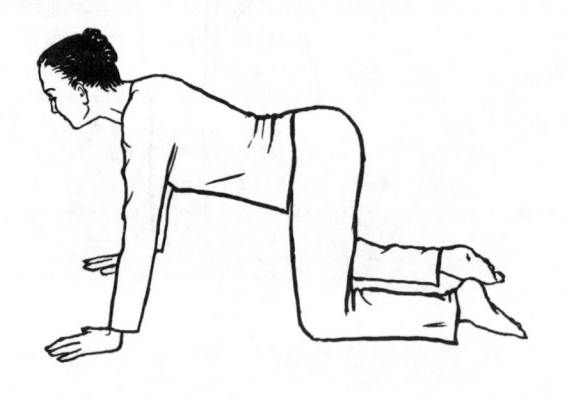

Cabeça e nádegas para cima, região média do corpo para baixo

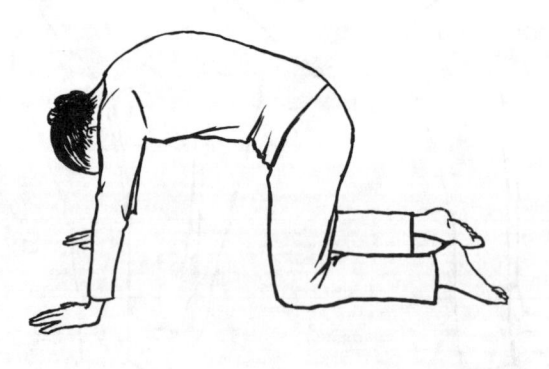

Cabeça e nádegas para baixo, região média do corpo para cima

Levantamentos dos braços e das pernas

Coluna vertebral neutra

Braço direito à frente, pé esquerdo atrás

Braço esquerdo à frente, pé direito atrás

Postura da criança

Nádegas na direção dos tornozelos,
mãos no chão

RESPIRAÇÃO

Recolhendo ar

Em pé e respirando: mãos diante do umbigo, joelhos flexionados

Inspire, puxando para cima...

Vire as palmas das mãos na altura do tórax

Solte o ar, deslizando para baixo

Embaixo, mude a direção

Empurrando para fora

Em pé e respirando

Inspire, puxando para cima...

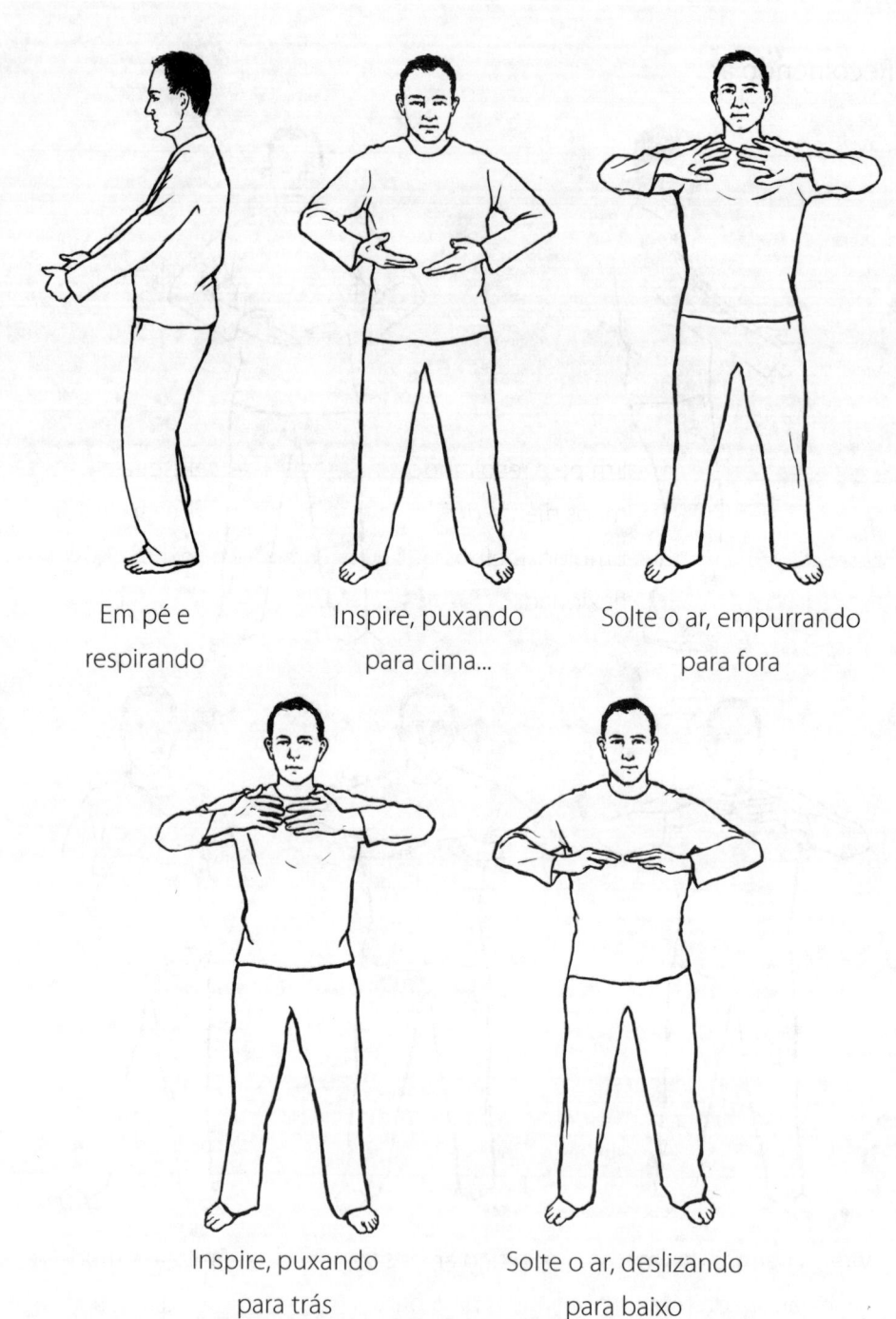

Solte o ar, empurrando para fora

Inspire, puxando para trás

Solte o ar, deslizando para baixo

Abrindo bem os braços

Em pé e respirando

Inspire, puxando para cima...

Solte o ar, abrindo bem os braços

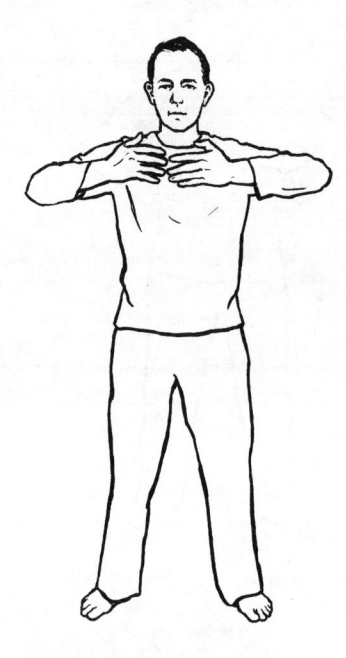

Inspire, puxando para trás...

Solte o ar, deslizando para baixo

Movimento circular

Em pé e respirando

Inspire, puxando para cima...

Acompanhe com os olhos

Solte o ar, fazendo movimento circular

QUADRO 2: A MUDANÇA LEVA TEMPO

Algumas de nossas maneiras habituais de lidar com o desconforto estão profundamente arraigadas, e não é fácil mudar hábitos profundos. A mudança acontece com o tempo e a prática.

Autobiografia em cinco breves capítulos

1. Caminho pela rua.
   Há um buraco fundo na calçada.
   Caio no buraco.
   Estou perdido... Estou desesperado.
   Não é culpa minha.
   Levo um tempo enorme para conseguir sair dele.

2. Caminho pela mesma rua.
   Há um buraco fundo na calçada.
   Faço de conta que não o vejo.
   Caio dentro dele de novo.
   Não consigo acreditar que estou no mesmo lugar.
   Mas não é culpa minha.
   Ainda levo um tempo enorme para conseguir sair dele.

3. Caminho pela mesma rua.
   Há um buraco fundo na calçada.
   Vejo que ele está lá.
   Mesmo assim caio dentro dele... é um hábito.
   Meus olhos estão abertos.
   Eu sei onde estou.
   É minha culpa.
   Consigo sair dele imediatamente.

4. Caminho pela mesma rua.
   Há um buraco fundo na calçada.
   Eu o contorno.

5. Caminho por outra rua.
   Portia Nelson

O espaço da respiração de três passos é uma minúscula meditação que você pode realizar em qualquer lugar. Ela geralmente dura cerca de 3 minutos, mas essa é apenas uma ideia geral, e você pode tornar a meditação tão longa ou tão breve quanto desejar.

A ideia é começar a praticá-la três vezes por dia na próxima semana. Em seguida, quando tiver se acostumado e souber como ela funciona, pode começar a usá-la para ajudá-lo a lidar com momentos de estresse. Se você teve uma interação difícil com alguém, por exemplo, pode usar o espaço da respiração de três passos para recobrar alguma tranquilidade. Se um desafio se aproxima, talvez um telefonema difícil a realizar, você pode usar o espaço da respiração de três passos a fim de se preparar.

QUADRO 3: ESPAÇO DA RESPIRAÇÃO DE TRÊS PASSOS

Passo 1: O que está acontecendo neste momento?

Sente-se ou fique em pé em uma postura alerta e altiva. Assim que fizer isso, você estará enviando uma mensagem do seu corpo para a sua mente de que haverá uma mudança. "Isto é diferente. Não estou em pé ou sentado como de costume. Estou me tornando mais atento."

Agora, pergunte a si mesmo:

- O que está acontecendo? O que há aqui agora?
- No que estou pensando, se é que estou pensando em alguma coisa?
- O que estou sentindo?
- Que sensações são mais fortes em minha experiência neste momento?
- Que impulsos me cercam?

Apenas verifique: pensamentos, sentimentos, sensações, impulsos. Você não precisa de uma resposta para cada pergunta; elas apenas apresentam uma ideia geral para ajudá-lo a se tornar mais atento ao que está lhe acontecendo neste momento. Trate tudo com suavidade, simplesmente reconhecendo o que quer que surja.

Passo 2: Aproximar-se da respiração

Depois de reconhecer o que está acontecendo neste momento, redirecione a atenção para a respiração de uma maneira delicada, porém deliberada, e, enquanto conseguir, acompanhe cada inalação e exalação. Apenas respire, seguindo a respiração e permanecendo com as sensações que surgem cada vez que você inspira e solta o ar.

Passo 3: Ir para fora de novo

Agora expanda a consciência, a fim de incluir a respiração e uma impressão do corpo como um todo – respire. Apenas permaneça consciente do que quer que esteja presente: a respiração, o rosto, o corpo. Respire em quaisquer tensões que possam existir, abrindo e reduzindo a resistência, aceitando...

Depois, quando estiver pronto, abra os olhos e, pouco a pouco, volte a se envolver com o mundo à sua volta.

QUADRO 4: O BARÔMETRO FÍSICO

Parte do tempo não sabemos realmente o que sentimos. Passamos tanto tempo em nossa cabeça que podemos perder contato com outras partes da nossa experiência. Minha colega Trish Bartley, do Centro de Pesquisa e Prática de Atenção Plena (Centre for Mindfulness Research and Practice), na Universidade Bangor, desenvolveu uma prática chamada "barômetro físico", estruturada no intuito de ajudá-lo a levar uma intensa conscientização de sentimentos ao seu dia a dia.

Hoje em dia, não costumamos usar barômetros. Em geral eles são encontrados apenas em lojas de antiguidades, mas, se você tiver um ou já tiver visto alguém consultar um, saberá que basta bater delicadamente no vidro e depois olhar para qual direção a agulha dentro do vidro se move. Se a agulha se deslocar para cima, a pressão do ar estará aumentando, e o tempo provavelmente ficará melhor; se a agulha se deslocar para baixo, a chuva pode estar a caminho. Mas as coisas variam de acordo com as estações, de modo que prever o tempo pode ser muito complexo.

Isso também acontece com o nosso corpo. Podemos usá-lo para obter informações a respeito de como estão as coisas para nós a qualquer momento.

1. Encontre uma parte do seu corpo – talvez a área do tórax, do abdômen, ou algum ponto entre os dois – especialmente sensível ao estresse e à dificuldade.
2. Uma vez localizado esse ponto, ele pode se tornar o seu "barômetro físico". Você pode sintonizar-se com ele, prestando atenção regular, todos os dias, às sensações ali presentes. Se estiver estressado, poderá notar sensações de tensão ou desconforto. Essas sensações podem ser fortes ou fracas, dependendo da

intensidade da dificuldade. Elas podem mudar quando você prestar atenção nelas. Se estiver vivenciando bem-estar e prazer, sintonize-se novamente ao seu barômetro físico: você poderá notar sensações bem diferentes.

3. À medida que ficar mais experiente na leitura do seu barômetro físico, poderá começar a notar variações sutis que lhe oferecem informações detalhadas e precoces a respeito de como você está se sentindo de momento a momento, muito antes de ter consciência disso em sua mente.

4. Se quiser, sempre que se sintonizar com o seu barômetro físico, você poderá realizar um espaço da respiração de três passos no intuito de ajudá-lo a permanecer presente diante de uma situação difícil ou um desconforto. Ou então, você pode optar por monitorar as sensações em seu barômetro físico de momento a momento e estar com elas exatamente como elas são. Apenas deixe que as coisas sejam como são. Aceite, o mais possível, a maneira como as coisas são e permaneça com a sua experiência em constante transformação, de momento a momento.

QUADRO 5: APROXIMAR E EVITAR

O córtex pré-frontal, uma pequena parte do cérebro logo atrás da testa, desempenha um papel importante em sua experiência global de disposição de ânimo.

Observações clínicas de pessoas com o córtex pré-frontal lesionado mostram que os resultados diferem dependendo de a lesão ser do lado esquerdo ou direito dessa área. A lesão do lado esquerdo pode deixar as pessoas incapazes de sentir alegria. Elas às vezes sentem uma grande tristeza e uma vontade incontrolável de chorar. Já a lesão do lado direito pode deixar as pessoas indiferentes à lesão e, às vezes, com tendência a rir em ocasiões inapropriadas.

No início de sua carreira, o neurocientista Richard Davidson (consulte o Quadro 1 da Introdução, "Uma pequena digressão na história", *página 18*) ajudou a desenvolver a ideia de que o grau de ativação no lado direito ou no esquerdo do córtex pré-frontal de uma pessoa nos diz algo importante a respeito da experiência interior dela. As pessoas com uma atividade sistematicamente mais elevada na parte esquerda do córtex pré-frontal são ativas, alertas, entusiásticas e joviais; elas desfrutam mais a vida e têm um maior sentimento global de bem-estar. Em contrapartida, uma atividade maior no córtex pré-frontal direito corresponde a pessoas que relatam experiências de preocupação, ansiedade e tristeza. Em um grau extremo, isso indica um risco elevado de depressão significativa.

No início da década de 1970, pesquisadores da área da felicidade e do bem-estar postularam a ideia de um "ponto de referência" da felicidade ou do estilo afetivo. A ideia era que, quando nos tornamos adultos, vivenciamos mais ou menos níveis estáveis de bem-estar porque, com o tempo, nos adaptamos até mesmo às circunstâncias positivas e negativas mais extremas da vida. Se você, por exemplo, tiver inclinação para a infelicidade e ganhar na loteria, poderá ficar eufórico por alguns momentos e depois se animar por um tempo, mas logo voltará a ser como era e se tornará uma pessoa rica infeliz. Por outro lado, se tiver inclinação para a felicidade e perder um braço, você poderá ficar infeliz por certo período, mas com o tempo é provável que se torne uma pessoa animada com um só braço.

O interesse de Davidson pelos monges que meditam, conforme discutido na Introdução, surgiu de seu interesse pelo relacionamento entre os exercícios de treinamento mental, como a meditação, e o ponto de referência da felicidade. Ele queria saber se seria possível, alterando os sinais que a parte cognitiva do cérebro transmite à parte emocional, mudarmos de modo duradouro o padrão de ativação pré-frontal de uma maneira que ela conduzisse a emoções mais frequentes e mais positivas.

Se até então os cientistas haviam descoberto que as pessoas retornavam ao seu ponto de referência de felicidade, era porque eles estudavam pessoas que, como praticamente todas as outras no Ocidente naquela época, não compreendiam ser possível desenvolver e modificar os circuitos emocionais do cérebro mais ou menos da mesma forma como era possível modificar o bíceps em uma academia. Talvez ninguém ainda tivesse tentado uma intervenção que mudasse o estilo afetivo de maneira duradoura.

Davidson desconfiava que o ponto de referência da felicidade era móvel. A questão era a seguinte: o que o movia? Essa pergunta o levou às montanhas do Himalaia na tentativa de estudar meditadores superexperientes. Com o tempo, isso fez com que um fluxo de monges com mantos marrons passassem por seu laboratório na Universidade de Wisconsin.

Os resultados que emergiram dos estudos de Davidson com os monges foram excepcionais.

Quando estavam meditando, os exímios meditadores exibiam, por exemplo, os níveis mais elevados de sinais gama que já haviam sido registrados em um estudo da neurociência. Os níveis de onda gama refletem o esforço mental. Eles aparecem quando o cérebro reúne uma série de elementos que dão origem a um momento "eureca!" de reconhecimento – "Nossa... aqueles pontos brancos no horizonte que venho me esforçando para enxergar... são uma fazenda eólica em alto-mar, não uma flotilha de iates!". Em geral, esses sinais duram algumas centenas de milissegundos. No entanto, no caso dos meditadores experientes, eles duravam até 5 minutos. "Era como um momento *eureca* contínuo!", declarou Davidson. O treinamento mental possibilitou que os monges produzissem, mais ou menos a seu bel-prazer, estados cerebrais intensos associados à percepção e à resolução de problemas enquanto meditavam. Mesmo quando não estavam meditando, eles exibiam uma atividade gama mais elevada. Isso evocava o que Davidson e seus colegas haviam procurado na sua primeira expedição às montanhas do Himalaia, a evidência de que o treinamento mental poderia produzir características cerebrais duradouras. Essa ideia se fortaleceu ao ficar claro que, quanto maior o número de horas de treinamento de meditação, maior a quantidade e a duração dos sinais gama produzidos.

Outros experimentos, dessa vez usando as fMRI (imagens por ressonância magnética funcional), também produziram resultados atípicos, mas um fator se destacou do restante. Enquanto os monges meditavam, a atividade em seu córtex pré-frontal esquerdo sobrepujava a atividade no córtex pré-frontal direito em um grau nunca antes registrado.

Como vimos, a ativação pré-frontal esquerda está associada à felicidade; a ativação pré-frontal direita está associada à infelicidade e a estados como a vigilância ansiosa. Esses resultados sugeriram que as emoções poderiam ser transformadas com o treinamento mental. Afinal de contas, talvez o ponto de referência da felicidade não fosse um ponto de referência.

Mas uma coisa é investigar o cérebro de meditadores realmente qualificados, e outra é verificar se essas mudanças podem ser reproduzidas em um grupo populacional comum. Davidson resolveu, então, conduzir um estudo desse tipo em colaboração com Jon Kabat-Zinn – dessa vez analisando o cérebro de pessoas que nunca tinham meditado antes e estavam matriculadas em um curso de atenção plena de oito semanas.

Eles ministraram um curso de atenção plena de oito semanas aos trabalhadores de uma empresa de biotecnologia por alta pressão em Madison, Wisconsin. Um grupo realizou o curso de oito semanas, e outro grupo de voluntários da companhia recebeu o treinamento em um segundo momento. Ambos os grupos foram testados antes e depois do treinamento por Davidson e seus colegas. Antes do curso, todos os membros – como costuma acontecer com muitas pessoas que trabalham em ambientes de alta pressão – estavam um tanto inclinados para a direita no que diz respeito ao ponto de referência emocional e reclamavam de se sentirem altamente estressados. No entanto, o grupo que recebeu o treinamento da atenção plena relatou, posteriormente, que sua disposição de ânimo havia melhorado. Eles se sentiam mais envolvidos com o trabalho, mais energizados e menos ansiosos. Isso foi confirmado pelos resultados da tomografia de seu cérebro. A proporção esquerda-direita na ativação do córtex pré-frontal havia se deslocado de maneira significativa para a esquerda. Esses resultados persistiram no acompanhamento realizado quatro meses depois.

A experiência subjetiva dos participantes estava de acordo com as informações objetivas. O treinamento da atenção plena, ao que parecia, os deixava se sentindo mais saudáveis, mais positivos e menos estressados. Michael Slater, biólogo molecular da empresa, declarou o seguinte: sou um empírico em todos os aspectos da minha vida. Desconfio de dogmas e os coloco à prova. Faço isso tanto na mesa de trabalho quanto na minha vida pessoal, de modo que isso me agradou, porque pude sentir a redução do estresse. Pude perceber que estava menos irritável. Passei a conseguir enfrentar mais estressores. Minha mulher achou que estava mais fácil lidar comigo. Todos esses foram impactos tangíveis e, para um empírico, foi o bastante.

A atenção plena também melhorou o vigor do sistema imunológico dos meditadores. Tanto os membros do grupo que participaram do treinamento da atenção plena quanto os voluntários que receberam o treinamento mais tarde foram vacinados contra gripe. Os participantes do grupo da atenção plena produziram uma quantidade significativamente maior de anticorpos da gripe no sangue depois de serem vacinados. Quanto maior o deslocamento para a esquerda no ponto de referência emocional, maior o aumento na medida imunológica.

Oito semanas de treinamento da atenção plena produziram um sistema imunológico mais robusto nos participantes. O treinamento também aumentou de maneira significativa a ativação do córtex pré-frontal esquerdo e deixou os participantes mais felizes e menos estressados.

Outra maneira de compreender parte do que aconteceu aqui é que o grupo que recebeu o treinamento da atenção plena primeiro se tornou mais "propenso a se aproximar", ao passo que o grupo que recebeu o treinamento posteriormente permaneceu um tanto "propenso a evitar".

A história desses modos mentais recua, do ponto de vista evolucionário, à emergência de dois processos neurológicos distintos: o sistema de aproximar e o sistema de evitar. A partir da década de 1970, alguns pesquisadores sugeriram que dois sistemas motivacionais gerais desempenham um importante papel na formação da nossa experiência: um sistema de inibição comportamental (Behavioral Inhibition System, BIS) e um sistema de ativação comportamental (Behavioral Activation System, BAS). Para simplificar, podemos chamá-los de *sistema de evitar* (no lugar de BIS) e *sistema de aproximar* (em vez de BAS).

O sistema de aproximar nos leva a possíveis recompensas. Nosso sentimento de sermos atraídos para uma pessoa ou uma barra de chocolate e nosso desejo de nos aproximarmos da pessoa ou do chocolate são provenientes desse sistema. O sistema de evitar, por outro lado, nos torna sensíveis a uma possível punição ou um perigo e nos motiva a evitá-lo. O fato de recearmos ser rejeitados por alguém que amamos, ou de termos medo de cobras, somado ao nosso desejo de evitar essas coisas procede do sistema de evitar.

A pesquisa anterior de Davidson mostrou que o sistema de aproximar está relacionado com a ativação do córtex pré-frontal esquerdo.

Ele busca recompensas e está associado a emoções positivas, como a esperança e a alegria, bem como a expectativa de bons acontecimentos. O sistema de evitar, por outro lado, está relacionado com a ativação do córtex pré-frontal direito; ele inibe os nossos movimentos em direção às metas e está associado a sentimentos de medo, repugnância, aversão e ansiedade.

Esses sistemas contêm um verdadeiro valor evolucionário. Eles desempenham papel fundamental na maneira como nos aproximamos do que, em nossa cabeça, será bom para nós e evitamos o que representa uma ameaça. No entanto, a genética e as experiências de vida podem distorcer esses mecanismos: assim, na condição de um ser humano adulto, você poderá descobrir, em um extremo, que algumas pessoas desenvolvem um sistema de evitar cronicamente hiperativo, que as leva a ser excessivamente ansiosas ou a ter uma tendência para a depressão.

O treinamento da atenção plena, como Davidson e outros demonstraram, pode mudar isso. Ele pode ajudá-lo a se tornar mais voltado à aproximação. Delicada e gradualmente, passo a passo, este curso oferece oportunidades de você avançar em direção ao que é difícil e descobrir novas maneiras de conviver com a dificuldade, aproximando-se, em vez de evitando, o que você até então considerava incômodo; forçando o limite.

QUADRO 6: EMPATIA E CONSCIENTIZAÇÃO DO CORPO

Quando for mais capaz de ler o que está acontecendo em seu corpo, você também conseguirá interpretar melhor o que está acontecendo com os outros. Uma maior conscientização do próprio corpo e dos estados dele poderá aumentar seus níveis de empatia.

Durante quase todos os 2,6 milhões de anos da história humana até o início da agricultura sedentária há cerca de 10 mil anos, os nossos antepassados viviam em grupos tribais, em geral com não mais do que 150 membros. Eles precisavam competir com os outros por recursos escassos, evitar predadores e passar quase todas as horas em que estavam despertos procurando alimento. Nesse tipo de ambiente inóspito, os que eram mais capazes de cooperar geralmente viviam mais tempo e deixavam mais descendentes. Os grupos mais competentes no trabalho em equipe costumavam superar aqueles cujo trabalho em equipe era mais fraco. Como os primeiros tinham maior probabilidade de sobreviver, foram principalmente os seus genes que herdamos, e isso nos confere uma capacidade intrínseca de interpretar o que está acontecendo – "interpretar" uns aos outros, como devemos agir para trabalharmos habilmente juntos.

Os seres humanos têm a capacidade de ler os estados interiores de outros seres humanos em um grau extraordinário. Essa capacidade é determinada por três diferentes sistemas neurais: temos a capacidade de sentir – e estimular dentro da nossa própria experiência – as *ações* das outras pessoas, suas *emoções* e seus *pensamentos*.

As redes no cérebro ativadas quando você executa uma ação também são ativadas quando você vê alguém realizando a mesma ação. Isso confere a você, no seu corpo, a sensação do que os outros experimentam no corpo deles. A maneira como essas redes "espelham" o comportamento dos outros dá nome a elas: neurônios-espelho. Pense no que acontece quando você vê alguém chorar angustiado, por exemplo. É bastante provável que você note em seu corpo algum reflexo do que a pessoa está sentindo no dela, embora, em geral, com menor intensidade. Ou pense no que acontece quando você vê um amigo ou membro da família irradiando felicidade. É bastante provável que você sinta parte dos componentes físicos da euforia.

Há circuitos relacionados com as emoções que formam a nossa experiência. Os circuitos neurais que costumam estar ativos quando você sente emoções fortes, como medo ou raiva, são ativados de maneira compatível em você quando você vê outras pessoas terem os mesmos sentimentos. Isso faz com que você entenda os sentimentos dos outros, de modo que, quanto mais você se conscientizar dos seus sentimentos e das suas sensações corporais, mais competente será em interpretá-los nos outros.

Outro conjunto de circuitos entra em jogo quando você "lê" os pensamentos e as convicções das outras pessoas. Os circuitos pré-frontais envolvidos em nos ajudar a adivinhar os pensamentos dos outros trabalham em conjunto com os circuitos envolvidos em nos ajudar a perceber os sentimentos e as ações dos outros. Juntos, eles produzem a sua percepção geral da experiência interior deles.

A capacidade de duas pessoas se "sentirem sentidas" uma pela outra é um fator fundamental que possibilita, em um relacionamento, um com o outro se sentirem vibrantes, animados, compreendidos e em paz. Um elemento significativo na capacidade de interpretar os outros é a sua capacidade de ler o que está acontecendo dentro de você. Quanto mais capaz você for de ler o que está acontecendo em seu corpo, mais precisamente conseguirá interpretar os outros.

QUADRO 7: MODO DE NARRATIVA, MODO DE EXPERIÊNCIA

Norman Farb estuda psicologia e neurociência na Universidade de Toronto, e sua pesquisa se concentra no relacionamento entre a conscientização do momento presente e o bem-estar.

Recorrendo a vários resultados de pesquisas, ele menciona que a conscientização do momento presente possibilita às pessoas transformarem o comportamento não construtivo ou perturbador em algo mais construtivo. No entanto, a vida moderna é repleta de distrações que dividem a nossa atenção e nos afastam da conscientização do momento presente, como os *smartphones*, a internet, os anúncios, a mídia social... a lista é interminável. Veja bem, é claro que é importante pensar além da situação imediata a fim de programar eventos futuros, mas o hábito de viver no futuro ou no passado ocorre à custa de reagirmos construtivamente aos desafios do presente e pode conduzir a todo tipo de consequências indesejadas, como o estresse, a ansiedade e a depressão.

Farb usou técnicas do treinamento da atenção plena para examinar como a prática de prestar atenção às sensações momentâneas pode alterar nosso autoconceito e nosso bem-estar.

Como vimos, um mecanismo básico das técnicas de treinamento da atenção plena é usar as sensações corporais de momento a momento como uma âncora para focalizar a atenção no presente. Ao investigar mudanças no comportamento e na rede de ativação do cérebro que se manifestavam ao lado de um programa de treinamento da atenção plena parecido com este que estamos realizando, Farb começou a desenvolver um modelo neurocientífico de como passamos a conhecer a nós mesmos e ao mundo por intermédio do nosso corpo físico.

À medida que nos tornamos mais conscientes das sensações do corpo em constante transformação, ele diz, também nos tornamos mais capazes de responder aos problemas criados ou perpetuados pelo pensamento negativo. Vimos, por exemplo, que ruminar uma situação ou circunstância da nossa vida pode reforçar uma disposição de ânimo reprimida. Também vimos que imaginar catástrofes em momentos de estresse reforça ainda mais a experiência de ansiedade. Por outro lado, nas ocasiões de desafio, a capacidade de *nos voltarmos para* o momento presente focalizando as sensações corporais aqui e agora pode ser uma técnica poderosa para nos desligarmos de modos de pensar não criativos.

Em 2007, Farb e seus colegas publicaram um estudo que lança nova luz sobre o modo como entendemos a atenção plena com base na perspectiva da neurociência. Eles descobriram que as pessoas têm duas maneiras distintas de interagir com o mundo, usando dois diferentes conjuntos de redes no cérebro. Uma das redes é conhecida como "rede-padrão". Ela é chamada de "padrão" porque é nossa opção automática quando não há muitas outras coisas acontecendo, mais ou menos como quando o motor de um carro está em ponto morto.

Imagine que você está no ponto, esperando um ônibus em um lindo dia ensolarado. Você não tem nada especial para fazer, nada requer a sua atenção de imediato. Em vez de apenas ficar ali, desfrutando o calor do sol na pele, da brisa agitando o seu cabelo e do belo céu azul, você se percebe começando a elaborar o cardápio para o jantar e ficando um pouco ansioso a respeito de sua capacidade de torná-lo saboroso para todos na família o apreciarem. Essa é a sua rede-padrão se manifestando – planejando, divagando e ruminando: passamos grande parte do tempo perdidos na constante tagarelice dela.

A rede-padrão entra em operação quando você pensa sobre si mesmo ou outras pessoas. Ela une a sua "narrativa" – a história da sua história e do seu futuro, bem como a de todas as pessoas que você conhece.

Ao vivenciar o mundo usando essa rede, as informações do mundo exterior são processadas por meio de um filtro do significado delas – com interpretações adicionais.

Desse modo, quando está no ponto esperando o ônibus, você pode ver uma criança com a mãe. Isso faz você pensar em seus filhos e se perguntar se você tem sido um bom pai ou uma boa mãe e se eles estão bem agora. Em um momento você está esperando o ônibus em um dia ensolarado e, no momento seguinte, interiormente, está repassando momentos importantes da sua vida, talvez de uma maneira ansiosa ou crítica.

Não há nada errado com a rede-padrão em si, mas, se você só vivenciar o mundo por meio da lente dessa rede, isso poderá ter consequências desagradáveis.

Farb mostrou que existe outra maneira de vivenciarmos as coisas: por meio da experiência simples e direta. A rede que processa a experiência direta abarca a ínsula, região do cérebro envolvida na percepção das sensações corporais, bem como as redes que são fundamentais para desviar a nossa atenção. Quando esse conjunto de redes é ativado, você não pensa sobre o passado, o futuro, sobre outras pessoas ou sobre si mesmo. Você não pensa muito. Você apenas vivencia, em tempo real, as informações que chegam aos seus sentidos.

Ao esperar o ônibus em um dia ensolarado, a sua atenção está no sentimento de calor em sua pele, na brisa em seu cabelo e nos seus pés no chão. Você está contente ali, vivenciando o que experimenta.

Esses dois modos de processar a experiência, o "modo narrativo" da rede-padrão por um lado e o "modo experiencial" da experiência direta por outro, estão inversamente relacionados. Em outras palavras, quanto mais usa um, menos você usa o outro. Você percebe (vê, ouve, sente...) muito menos quando está perdido em seus pensamentos. E, quando focaliza a atenção na simples percepção da experiência do momento, isso reduz a ativação dos circuitos narrativos.

Dessa forma, ao perceber que seus circuitos narrativos estão girando ansiosamente e você está preocupado com um evento futuro estressante ou ruminando de maneira autocrítica, pode ser realmente proveitoso inspirar profundamente e focalizar a atenção nas experiências simples do momento presente – talvez na sensação dos seus pés no chão ou na turbulência em seu estômago. Isso pode modificar de modo radical o grau de ativação dos circuitos narrativos.

Os circuitos narrativos são bastante proveitosos para o planejamento, a definição de metas e a criação de estratégias. Eles possibilitam criarmos arte e enriquecem enormemente a vida. Mas também podem nos aprisionar e nos capturar com hábitos mentais não criativos. Quando você desenvolve a capacidade de vivenciar o mundo de forma mais direta, seus sentidos ficam mais atentos, e você pode abrir a porta para outras maneiras de vivenciar as coisas.

A rede experiencial possibilita que você se aproxime da simples realidade das coisas no aqui e agora. Você começa a perceber com maior precisão o que está acontecendo de fato ao seu redor. Ao assimilar mais informações em tempo real, você se torna mais flexível na maneira de reagir ao mundo, menos aprisionado pelo passado – pelos hábitos, pelas expectativas e suposições – e mais capaz de reagir aos eventos à medida que eles se desenrolam.

O estudo de Farb demonstrou que quem praticava a atenção plena tinha uma diferenciação mais forte entre os percursos narrativos e experienciais do cérebro. Elas sabiam em que percurso estavam a qualquer momento e eram capazes de alterná-los com mais facilidade, ao passo que quem não havia aprendido a habilidade da atenção plena se mostrava mais propenso a mobilizar, automaticamente, sua rede narrativa padrão.

QUADRO 8: CORRENTE 1
PRÁTICA EM CASA PARA A TERCEIRA SEMANA

- Execute diariamente os movimentos da faixa "Movimento Consciente (Versão Longa)" (⬇6 ⏱15 min.) durante seis dias. O objetivo desses movimentos é estabelecer uma conexão direta com o seu corpo. Trabalhar com o corpo dessa maneira pode possibilitar que você vivencie uma parte maior de si mesmo e associe suas experiências de sensações corporais, sentimentos, pensamentos e impulsos. Caso você tenha quaisquer problemas nas costas ou outros empecilhos de saúde, decida quais exercícios irá realizar (caso escolha alguns), cuidando bem do seu corpo.

- Em uma ocasião diferente, pratique todos os dias 10 minutos de respiração da atenção plena. Use como orientação a faixa "Atenção Plena da Respiração (Versão de 10 min.)" (⬇4 ⏱10 min.).
- Pratique o espaço da respiração de três passos três vezes por dia, em horários escolhidos de antemão. Em um desses horários, use como orientação a faixa "Espaço da Respiração de Três Passos" (⬇8 ⏱3 min.). Depois disso, experimente realizar essa prática sozinho, sem orientação.
- Complete o diário de eventos desagradáveis (*consulte a página 147*), com uma anotação por dia. Use isso como uma oportunidade para se tornar mais consciente dos pensamentos, sentimentos, sensações e impulsos que acompanham um evento desagradável a cada dia. Observe-os e registre-os tão logo se sinta à vontade para fazer isso. Você poderá, por exemplo, tentar registrar palavras ou imagens que tenham surgido com os pensamentos ou a natureza e a localização exatas das sensações corporais. Mas não faça um esforço excessivo; trata-se apenas de um guia para ajudá-lo a reparar no que aconteceu.
    - Quais são os eventos desagradáveis que o desestabilizam ou o deixam deprimido (independentemente de serem grandes ou pequenos)?
    - O que você menos deseja observar?
    - Repare quando você entra no piloto automático; em que circunstâncias isso ocorre?
- Na medida do possível, tente "capturar" os momentos do seu dia.

QUADRO 9: CORRENTE 2
PRÁTICA EM CASA PARA A TERCEIRA SEMANA

- Pratique diariamente os movimentos da faixa "Movimento Consciente (Versão Curta)" (⬇7 ⏱7 min.) durante seis dias. O objetivo desses movimentos é estabelecer uma conexão direta com o seu corpo. Trabalhar com o corpo dessa maneira pode possibilitar que você vivencie uma parte maior de si mesmo e associe suas experiências de sensações corporais, sentimentos, pensamentos e impulsos. Caso você tenha quaisquer problemas nas costas ou outros empecilhos de saúde, decida quais exercícios irá realizar (caso escolha alguns), cuidando bem do seu corpo.
- Em uma ocasião diferente, pratique todos os dias 5 minutos de respiração da atenção plena. Use como orientação a faixa "Atenção Plena da Respiração (Versão de 5 min.)" (⬇5 ⏱5 min.).
- Pratique o espaço da respiração de três passos três vezes por dia, em horários escolhidos de antemão. Em um desses horários, use como orientação a faixa "Espaço da Respiração de Três Passos" (⬇8 ⏱3 min.). Depois disso, experimente realizar a prática sozinho, sem orientação.
- Complete o diário de eventos desagradáveis (*consulte a próxima página*), com uma anotação por dia. Use isso como uma oportunidade para se tornar mais consciente dos pensamentos, sentimentos, sensações e impulsos que acompanham um evento desagradável a cada dia. Observe-os e registre-os tão logo se sinta à vontade para fazer isso. Você poderá, por exemplo, tentar registrar palavras ou imagens que tenham surgido com os pensamentos, ou a natureza e a localização exatas das sensações corporais. Mas não faça um esforço

excessivo; trata-se apenas de um guia para ajudá-lo a reparar no que aconteceu.

- Quais são os eventos desagradáveis que o desestabilizam ou o deixam deprimido (independentemente de serem grandes ou pequenos)?
- O que você menos deseja observar?
- Repare quando você entra no piloto automático; em que circunstâncias isso ocorre?
• Na medida do possível, tente "capturar" os momentos do seu dia.

QUADRO 10: DIÁRIO DE EVENTOS DESAGRADÁVEIS

Preste atenção em um evento desagradável a cada dia (consulte a tabela a seguir).

Dia	Qual foi a experiência?	Como seu corpo se sentiu – detalhadamente – durante a experiência?	Que sentimentos acompanharam o evento?
Exemplo	Estar em um trem parado, superlotado, atrasado para o trabalho.	Maxilar contraído, estômago embrulhado, ombros tensos.	Frustração, raiva, inquietação.
Segunda-feira			
Terça-feira			
Quarta-feira			
Quinta-feira			
Sexta-feira			
Sábado			
Domingo			

Que pensamentos passaram pela sua mente na ocasião?	Que impulsos acompanharam o acontecimento?	O que você está pensando agora enquanto escreve estas linhas?
Vai ser muito complicado explicar isso no trabalho – de novo!	Telefonar para o diretor da companhia do trem e gritar com ele!	Essa foi uma reação e tanto!
Segunda-feira		
Terça-feira		
Quarta-feira		
Quinta-feira		
Sexta-feira		
Sábado		
Domingo		

QUARTA

SEMANA

CONTROLAR AS REAÇÕES

Às vezes você simplesmente não consegue evitar:

- Um motorista agressivo corta a sua frente no trânsito, em um momento no qual você está agitado e atrasado. Você buzina, fuzila a pessoa com os olhos e começa a se revolver por dentro, apertando com força o volante e resmungando para si mesmo.
- As crianças em casa estão mais uma vez terrivelmente indisciplinadas, e você as repreende de modo áspero, o que só faz as coisas piorarem.
- Você passa por um loja de doces, entra e compra um folhado, sem se lembrar da sua resolução de evitar alimentos com alto teor de carboidratos.
- Um colega tem um comportamento agressivo no trabalho, e você desaba interiormente, perdendo todo seu vigor.

O que é comum a todas essas reações é apenas isto: elas são reações. Surgem com a rapidez de um relâmpago nas partes mais primitivas do seu cérebro antes de você ser capaz de refletir um pouquinho e apresentar respostas mais hábeis e apropriadas.

Reações como essas estão muito mais propensas a emergir nos momentos de estresse. Quando você está estressado, as partes mais primitivas do seu cérebro estão em alerta máximo, prontas para atirar primeiro e perguntar depois. Muito frequentemente, essas reações instantâneas não atendem nem aos seus interesses nem aos de ninguém.

Para cada um dos casos apresentados acima, não é difícil imaginar uma resposta mais inteligente e habilidosa. No entanto, imaginar uma resposta mais inteligente quando você está se sentindo calmo e ponderado é uma coisa, apresentar uma no calor do momento é outra bem diferente.

Como fazer isso?

Parte da resposta reside em aprender a habilidade profundamente anti-intuitiva de deixar que o que é difícil e perturbador simplesmente *seja* difícil e perturbador.

Diante de sentimentos ou experiências desagradáveis, todo o ímpeto intuitivo da mente é se livrar deles. Se nos defrontamos com uma dificuldade ou um incômodo quando estamos no piloto automático, reagimos naturalmente com aversão. A abordagem da atenção plena inverte isso. Em vez de tentar se livrar dos sentimentos desagradáveis, quando está atento você pode começar a manter essas experiências em sua consciência. Isso permite que você as veja pelo que são e possibilita que as enfrente com uma resposta consciente, em vez de adotar uma reação automática.

QUADRO 1: AS DUAS FLECHAS

Na Antiguidade, as flechas eram usadas na caça e também como armas de guerra. Ao ser atingido por uma, você realmente a sentia. Tomando isso como uma analogia, os primeiros praticantes da atenção plena falavam sobre duas flechas – a primeira uma flecha física e a segunda uma flecha mental.

Quando a pessoa desatenta é atingida por uma flecha, ela é rapidamente atingida por uma segunda.

Imagine que você está em uma campo de batalha e é atingido por uma flecha. Isso dói! Mas então outra flecha vem voando rapidamente enquanto a sua mente entra em ação: "Por que esse tipo de coisa só acontece comigo?"; "O que vai acontecer agora?"; "Será que um dia vou me recuperar?"; "Eu sabia que nunca deveria ter entrado neste campo de batalha"; "Eu deveria ter tido um treinamento melhor!"; e assim por diante: a sua mente produz outras flechas velozmente, as quais aumentam a dor da primeira.

Quando a pessoa atenta é atingida por uma flecha, como diziam na Antiguidade, ela sente a dor da flecha – e o assunto para aí.

A primeira flecha representa o sofrimento que acomete a todos nós apenas porque somos humanos. Não raro não conseguimos o que queremos, e sim o que não queremos. E mesmo quando obtemos o que queremos é impossível nos agarrarmos a isso para sempre. Isso é parte do que significa ser humano. Mas a maneira pela qual costumamos lidar com a dor e a dificuldade que chegam até nós faz com que sejamos atingidos por uma segunda, uma terceira, uma quarta e uma quinta flecha – e todas elas são autogeradas.

Com o treinamento da atenção plena, você aprende a parar de fazer tanto isso. Ao conservar o que é doloroso e incômodo no espaço da atenção consciente, o processo reativo de adicionar níveis de dor à dor existente é interrompido.

Temos a tendência de reagir com aversão a sentimentos dolorosos. Estamos programados assim. Não gostamos de dor nem de dificuldades e passamos grande parte do tempo tentando nos livrar delas. Para isso, adotamos várias estratégias, muitas inconscientes. Podemos nos desligar e ficar insensíveis, ter fantasias e devaneios ou atacar, produzindo sentimentos de raiva e acusações. Podemos, ainda, procurar um paliativo imediato: "Alguma coisa tem que conseguir acabar com essa dificuldade agora!". Além disso, podemos agarrar uma nova experiência mais agradável no intuito de afastar nosso mal-estar.

Todas essas reações são, em última análise, ineficazes. Agarrar-se, ficar insensível, ficar zangado etc. são reações que geram seu próprio tipo de dor, e um ciclo vicioso passa a existir, no qual sentimentos desagradáveis e indesejados produzem reações que são, por si sós, desagradáveis, e assim por diante.

Imagine o seguinte: você trabalha até tarde da noite, chega em casa cansado e descobre que a sua parceira já se deitou. Por ser atencioso, você não acende a luz, troca de roupa no escuro e se dirige para o seu lado da cama. Então dá uma topada dolorosa na pasta que ela deixou no meio do caminho.

Ai! Você sente um estressor de "primeiro nível" – a simples dor física da topada. Mas então um estressor de "segundo nível" entra em ação, e você passa a narrar para si mesmo uma história sobre o que aconteceu.

Talvez a sua história seja contra a sua parceira: "Ela é muito egoísta, não tem nenhuma consideração. Nunca pensa em mim! Eu estava sendo gentil e atencioso, mas e ela? Nunca! Já falei sobre essa pasta antes – o que ela está fazendo no quarto...!?". Você então se deita, puxa a coberta para o seu lado e passa a maior parte da noite se revirando na cama enfurecido.

Ou talvez a história que você conte seja contra si mesmo – quanta imprudência ter ficado descalço e deixado a luz apagada. Ou um pouco das duas coisas: você ataca mentalmente a si mesmo *e* a sua parceira. De qualquer modo, você contrai o corpo, enruga a testa e muito tempo depois de a dor ter praticamente desaparecido você ainda está envolvido com os estressores de segundo nível.

Em contrapartida, a abordagem atenta poderia ser assim: você dá uma topada e sente dor. Senta-se na cadeira, massageia delicadamente o dedo, segura-o por alguns instantes, espera a dor diminuir, toma a decisão de discutir com sua parceira, pela manhã, o caso da "pasta no quarto" com certa veemência, deita-se no seu lado da cama e tem um sono tranquilo a noite inteira.

Os estressores de segundo nível, de um tipo ou de outro, podem afetar toda a nossa vida, levando a estratégias defeituosas no intuito de lidar com diferentes situações: a negação, a fantasia, a compulsão de trabalhar em excesso, a preocupação, a ruminação inútil, a atividade excessiva, o abuso de substâncias, o comer em excesso, e assim por diante. Como essas estratégias são todas ineficazes, elas acabam intensificando as nossas reações ao estresse, em vez de diminuí-las.

REAÇÕES AO ESTRESSE *VERSUS* RESPOSTAS AO ESTRESSE

Uma das habilidades essenciais da atenção plena é conseguir a substituir as reações inconscientes ao estresse por respostas conscientes ao estresse.

Os estressores são inevitáveis, mas, se você responder a eles de maneira consciente, será possível instituir estratégias adaptativas e saudáveis para lidar com as situações em oposição a estratégias erradas. A conscientização de momento a momento possibilita escolhas mais criativas. Isso permite que você influencie positivamente o fluxo de eventos, em vez de apenas reagir de modo automático e, desse modo, perpetuar o ciclo de reação ao estresse.

As reações ao estresse, por sua natureza, acontecem de maneira automática e, em grande medida, de forma inconsciente. Ao introduzir o fator consciência em processos antes inconscientes, você inevitavelmente muda as coisas. Esse é *o* fator que decide se você segue pelo caminho da reação ao estresse ou pelo da resposta ao estresse. Ao permanecer atento no momento do estresse, você é capaz de reconhecer tanto a condição de estresse da situação quanto seu impulso de reagir. Você pode aprender a reconhecer essas agitações pelo que elas são. Elas não são toda a realidade, são apenas punhados de pensamentos, sentimentos, sensações e impulsos passageiros – e isso muda tudo.

APRENDER A RESPONDER EM VEZ DE REAGIR

De modo geral, reagimos às experiências indesejadas de uma destas três maneiras:

- com indiferença – nos desligamos do momento presente e partimos mentalmente para outro lugar;
- com anseio – desejamos experiências que não estamos tendo no momento ou tentamos nos agarrar a experiências agradáveis que estejam acontecendo;
- com aversão – desejamos nos livrar de experiências desagradáveis do momento ou tentamos evitar experiências indesejáveis que possam surgir.

Cada uma dessas maneiras de reagir pode gerar problemas, em particular a tendência de reagir com aversão a sentimentos desagradáveis. A principal questão é tornar-se mais consciente da sua experiência, a fim de poder responder de maneira atenta, em vez de reagir automaticamente.

A meditação pode ser um tipo de laboratório no qual, em condições particulares estabelecidas por você, seja possível se conscientizar de como você costuma reagir às coisas e também começar a ver como, em vez de reagir, você pode fazer as coisas de uma maneira diferente.

Quando praticada com regularidade, a meditação proporciona muitas oportunidades de notar quando sua conscientização do momento se desviou e, amigavelmente, constatar o que foi que afastou a sua atenção, levando-a delicada e firmemente de volta ao objeto dessa meditação, por exemplo a respiração. Dessa maneira, você pratica repetidamente o processo de perder e recuperar a sua conscientização de momento a momento.

Você também pode começar a usar o espaço da respiração de três passos na hora de lidar com as reações. Sempre ao notar sentimentos desagradáveis ou uma sensação de aperto ou "retenção" no corpo, praticar o espaço da respiração de três passos pode ajudá-lo a responder, em vez de reagir.

Como vimos, a fim de responder em vez de reagir, precisamos, acima de tudo, estar conscientes. Nosso corpo, com todos seus sentimentos e suas sensações do momento presente, é uma âncora inestimável para a nossa consciência. O corpo, com todas as suas diversas sensações, está sempre lá, pronto a retornar quando seus pensamentos e sentimentos ficam agitados, e uma impressão atenta do que está acontecendo no corpo, em tempo real, pode ajudá-lo a permanecer concentrado no momento presente.

Por esse motivo, parte da ênfase da prática desta semana continua a ser a conscientização do corpo em movimento.

MEDITAÇÃO ANDANDO

Como parte da prática em casa desta semana, você terá a chance de experimentar a meditação andando. Existem quatro posturas tradicionais de meditação: sentada, deitada, em pé e andando. Até agora, realizamos a meditação sentada com a atenção plena da respiração, a meditação deitada com o *body scan*, a meditação em pé como parte da meditação em pé do movimento consciente, na semana passada (ficar em pé por alguns momentos, atento à respiração e às sensações no corpo), e, nesta semana, completaremos o quarteto com a meditação andando.

Para a maioria de nós, andar representa uma grande parte da nossa vida cotidiana. Mesmo que se trate apenas de uma caminhada da estação do metrô até o local de trabalho ou de um cômodo ao outro em casa ou no trabalho, andar é algo que fazemos quase inconscientemente e com relativa frequência. No entanto, depois de praticar um pouco de meditação andando, algumas dessas breves oportunidades de caminhar poderão se transformar em excelentes momentos para a prática da atenção plena.

QUADRO 2: INSTRUÇÕES PARA A MEDITAÇÃO ANDANDO

Quando você estiver pronto para praticar a meditação andando, procure um lugar em que possa dar de cinco a dez passos em linha relativamente reta. O ideal é que você escolha um lugar onde não vá ser perturbado por outras pessoas ou não tenha de se preocupar com a possibilidade de ser observado em sua prática. Esse local pode ser interno ou externo.

1. Fique em pé, com os pés paralelos e um pouco separados e os joelhos "destravados" para que possam se flexionar de leve. Deixe os braços soltos nas laterais do corpo. Você não deve realizar essa meditação de olhos fechados, tampouco olhar em volta o tempo todo; então deixe seu olhar repousar no chão a uns 2 ou 3 metros à sua frente. Se você se sentir à vontade, deixe o olhar fora de foco.
2. Desloque a atenção para quaisquer sensações que você sinta no ponto em que seus pés tocam o chão. Sinta seu peso caindo e sua altura subindo. Pode ser proveitoso flexionar os joelhos de leve algumas vezes, no intuito de ter uma noção bem definida das sensações nos músculos da panturrilha, nas coxas e nos joelhos.
3. Prossiga com o movimento, deixando que o pé esquerdo inteiro se levante, enquanto seu peso se desloca naturalmente para a perna direita. Sinta a sensação de deslocamento do peso. Permaneça consciente das sensações na perna e no pé esquerdos, enquanto os move com cuidado para a frente e deixa que o calcanhar esquerdo entre em contato com o chão. Deixe o restante do pé esquerdo entrar em contato com o chão e sinta o peso do seu corpo se deslocar para a frente na perna e no pé esquerdos, enquanto o calcanhar direito naturalmente se levanta do chão.

4. Depois de transferir por completo o seu peso para a perna esquerda, deixe que o restante do pé direito se levante e se mova lentamente para a frente. Permaneça consciente dos padrões cambiantes de sensações nos pés e nas pernas ao fazer isso. Sinta o calcanhar direito entrar em contato com o chão. Sinta seu peso se deslocar para a frente sobre todo o pé direito enquanto ele é colocado delicadamente no chão e sinta o calcanhar esquerdo se elevar novamente.
5. Continue a andar devagar pelo espaço que escolheu e permaneça particularmente consciente das sensações nas solas dos pés e nos calcanhares enquanto eles entram em contato com o chão, bem como das sensações nas pernas enquanto elas se movem para a frente.
6. Depois de ir tão longe quanto quiser em uma direção, deixe que seu corpo faça uma volta – da maneira como ele quiser –, virando-se devagar. Mantenha a consciência no complexo padrão de movimentos envolvidos nesse processo. Continue a andar na direção oposta.
7. Caminhe de um lado para o outro dessa maneira, permanecendo consciente, o máximo que puder, das sensações nos pés e nas pernas. Sinta o contato dos pés com o chão. Mantenha o olhar delicadamente voltado para o chão à sua frente.
8. Se notar que sua mente divagou e que você não está mais prestando atenção à sensação de andar, traga a atenção de volta aos pés, com suavidade, usando a sensação do contato com o chão para fixar a sua experiência e conectar-se outra vez ao momento presente. Se sua mente ficar agitada, talvez valha a pena parar por um momento: apenas fique em pé, com os pés juntos, respirando... dando à mente e ao corpo uma chance de se estabilizarem outra vez, e depois continue a andar.

9. Caminhe de 10 a 15 minutos, ou mais tempo se desejar.
10. No início, procure caminhar num ritmo mais lento do que de costume, dando a si mesmo a chance de se conscientizar plenamente das sensações ligadas ao andar. Quando se sentir à vontade nesse caminhar lento e consciente, você pode experimentar andar mais depressa, até mesmo bem rápido. Caso se sinta agitado, poderá ser útil começar a andar depressa, de maneira consciente, e diminuir naturalmente o ritmo à medida que a sua mente for se acomodando.
11. Quando tiver uma chance, verifique como é levar essa mesma qualidade de atenção plena às suas experiências normais de caminhar no dia a dia.

As pessoas costumam relatar que, quando começam a praticar a meditação andando, o processo é bastante "deselegante" e parece até mesmo forçado. Isso é perfeitamente natural. A sensação de começar a fazer conscientemente o que você sempre fez inconscientemente é muito incomum e pode dar quase a impressão de você estar aprendendo a andar de novo. Se isso acontecer, persista. Não demorará muito para que um sentimento de bem-estar se manifeste na medida em que você se familiarizar com os processos da meditação andando.

QUADRO 3: O QUE É ESTRESSE?

Um estressor é qualquer coisa que cause estresse. Não raro consideramos os estressores demandas externas que nos são impostas pelas circunstâncias – como ocorrências no trabalho ou em casa –, mas há também estressores biológicos, como o vírus da gripe; os estressores químicos, como o excesso de cafeína; e os estressores internos, como a maneira que nosso corpo reage à ideia puramente imaginada e sem fundamento de que alguém que amamos está correndo perigo.

Os estressores nos ativam e nos fazem entrar em ação. Eles desencadeiam redes neurais que evoluíram desde tempos muito primitivos no intuito de nos ajudar com as ameaças e os desafios e, frequentemente, nos são muito úteis.

O problema é que, às vezes, eles não são nem um pouco úteis.

A curva pressão-desempenho

Uma verdade que se aplica a todas as formas de vida é que, à medida que as demandas feitas a um organismo aumentam, a capacidade desse organismo de responder a essas demandas também aumenta, mas somente até certo ponto. Além desse ponto, se as demandas continuam a aumentar, a capacidade do organismo de responder fica oprimida, e a capacidade de desempenho do organismo diminui – em geral com muita rapidez.

Tomemos as ervilhas como exemplo. A geada mata os brotos de ervilha, então alguns horticultores que moram em climas frios cultivam as ervilhas em ambiente fechado enquanto há risco de geada. Se você fizesse isso, talvez cultivando dentro de casa uma bandeja de mudas de ervilha em um parapeito ensolarado e roçando com delicadeza, todos os dias, a mão sobre a parte superior das mudas, elas ficariam mais fortes.

Isso não acontece porque, de uma maneira mística, as ervilhas amam o contato com os seres humanos e vicejam como resultado desse amor e atenção. Isso ocorre porque você terá agitado as plantas todos os dias e, em resposta a esse desafio, elas se fortalecem, desenvolvendo raízes mais profundas e caules mais robustos.

No entanto, se roçasse as mudas com força excessiva ou desse um tapa violento na bandeja que contém as mudas, você simplesmente as mataria.

Certo nível de desafio – determinado grau de estresse – é bom para as plantas. Mas se o estresse for excessivo, ou se o aplicarmos da maneira errada, as consequências serão desastrosas.

Isso também acontece com os seres humanos, como é demonstrado no digrama da pressão-desempenho.

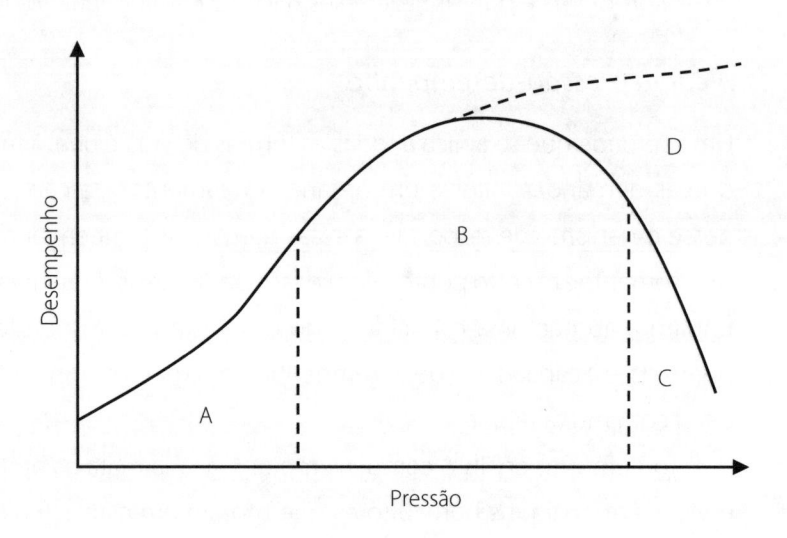

O diagrama mostra o que nos acontece à medida que a intensidade e o número dos estressores que encontramos aumenta. Essa é a "pressão" a que estamos submetidos e, assim como as ervilhas, na primeira parte da curva respondemos bem a ela. Ir à academia ou fazer uma caminhada vigorosa, por exemplo, desafiam seu sistema e podem ser formas saudáveis de pressão. A ausência de uma quantidade suficiente de desafios não é benéfica. Mas o excesso deles também não é bom.

A **Zona A** no diagrama é a parte da curva na qual você não vivencia uma quantidade suficiente de desafios saudáveis. Caso seja habitualmente inativo, você está na Zona A, e isso é ruim para a saúde. Do mesmo modo, se o seu trabalho não envolve desafios e estímulos suficientes e você se sente entediado o tempo todo, você está na Zona A no trabalho. Não é muito saudável estar nessa zona.

Na **Zona B** você viceja. Nela há um grande equilíbrio entre as demandas que lhe são feitas e a sua capacidade de responder a elas. Um bom instrutor na academia o obrigará a entrar nessa zona, fazendo com que você se exercite de modo satisfatório, no limite dos seus recursos, e desenvolva gradualmente a sua capacidade. Essa também é uma boa zona para estar no trabalho, com a família ou com amigos, uma vez que aí o trabalho e as exigências são desafiadores, porém não exaustivos. Você desfruta o estímulo do seu trabalho, mas ele não o deixa exausto ou constantemente irritado. Nessa zona, sua família e seus amigos oferecem estímulo suficiente para manter os relacionamentos animados e interessantes, sem que você se acomode a formas desinteressantes, previsíveis e inertes de se relacionar.

Há também a **Zona C**. Nela você está apenas estressado. As demandas excederam a sua capacidade de responder. Isso é como tentar correr uma meia maratona sem nunca ter corrido mais do que três quilômetros antes. Ou sentir que a pressão no trabalho é contínua e não conseguir mais relaxar à noite ou deixar o trabalho de lado ao chegar em casa. Ou ainda ter um ou mais dos seus relacionamentos familiares ou sociais caracterizados por exigências impossíveis de atender. Se passar tempo demais na Zona C, o seu sono poderá ser extremamente afetado. Além disso, as pessoas que permanecem por um período muito longo nessa zona sofrem as mais diferentes consequências adversas à saúde: distúrbios musculoesqueléticos, insônia, ansiedade e depressão, além de doenças como hipertensão, doenças cardíacas, alguns tipos de câncer, diabetes e muitas outras. Níveis de estresse persistentemente elevados aumentam de modo significativo a vulnerabilidade a esses distúrbios e doenças.

A grande vantagem do treinamento da atenção plena nesse aspecto é que ele possibilita a você notar de modo mais imediato quando estiver escorregando para a Zona C, em um estado estressado, e oferece alguns métodos práticos para ajudá-lo a recuperar o equilíbrio – o espaço da respiração de três passos e a prática regular da meditação, por exemplo. Práticas como essas o ajudam a permanecer calmo e criam um espaço de reflexão no qual você pode escolher uma linha de ação mais sábia.

Isso nos conduz à **Zona D**, a Zona da Ilusão. Nela você acha que está se saindo bem, diz a si mesmo e aos outros que tudo está ótimo e que você está sendo bem-sucedido – mas não está. Na Zona D você simplesmente parou de reparar no que está acontecendo, se concentrou persistentemente em suas tarefas de curto prazo e parou de observar o que está acontecendo em si mesmo, nos outros e no mundo à sua volta.

Muito tempo passado na Zona D pode levar a consequências bastante desagradáveis. Ao parar de fazer as coisas que o ajudam a manter ou recuperar o equilíbrio de modo ativo, você pode entrar no que a psicóloga Professora Marie Asberg chamou de funil de esgotamento.

Pense em todas as coisas que trazem alguma alegria e felicidade à sua vida: os momentos passados com os amigos e a família, o tempo que você desfruta ouvindo música, indo ao cinema ou ao teatro, os passeios na natureza, e assim por diante. Cada pessoa terá uma lista particular de atividades desse tipo.

Quando você está nas Zonas C e D, parece que simplesmente não há tempo para essas atividades, e pouco a pouco você desiste delas. Você abandona, uma após outra, as coisas do lado esquerdo do diagrama do funil. No entanto, o que você não percebe é como elas favorecem a sua vida e possibilitam que você permaneça em um equilíbrio saudável. Elas parecem opcionais, mas na verdade não são. Elas são imprescindíveis e, se abandonar um número excessivo dessas coisas, você entrará no funil do esgotamento, descendo progressivamente em direção à fadiga e à exaustão. Ao parar de praticar o que o revigora, você fica apenas com o trabalho e outros estressores, os quais continuam a esgotar seus recursos.

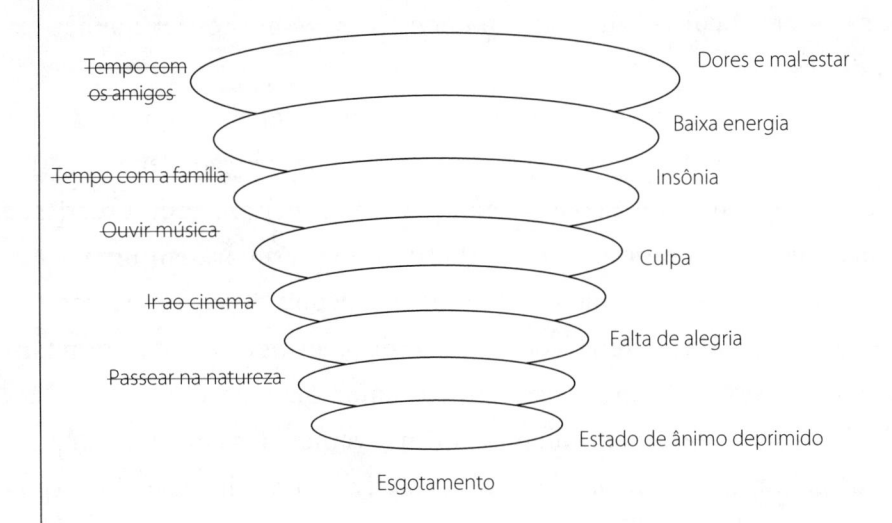

```
Tempo com                                    Dores e mal-estar
os amigos
                                             Baixa energia
Tempo com a família
                                             Insônia
Ouvir música
                                             Culpa
Ir ao cinema
                                             Falta de alegria
Passear na natureza
                                             Estado de ânimo deprimido
             Esgotamento
```

O segredo aqui é notar o deslizamento. Quando as coisas se acumulam e começam a se tornar excessivas, você fica naturalmente estressado. Ao perceber isso, você pode tomar algumas medidas. Em primeiro lugar, faça algo como o espaço da respiração de três passos. Em seguida, tente dar um breve passeio, telefonar a um amigo e conversar um pouco, arranjar tempo para um banho quente, tomar providências para fazer uma das coisas listadas do lado esquerdo do funil do esgotamento. Reparar nos indícios de estresse pode ser realmente útil para evitar que você entre na Zona D. Ao reconhecer o estresse como estresse, você pode fazer algo a respeito dele.

EXPANDIR O FOCO NA MEDITAÇÃO

Nesta semana, vimos como manter a experiência no âmbito da percepção consciente pode ser valioso: pode ajudá-lo a responder, em vez de reagir. As meditações praticadas até agora, neste curso, tiveram como objeto um foco um tanto limitado: a respiração na atenção plena da respiração e sensações particulares do corpo no *body scan*. Vamos experimentar expandir esse foco.

A meditação sentada desta semana será mais longa do que as das semanas anteriores. Começando com uma sessão de atenção plena da respiração, as Correntes 1 e 2 continuarão sentadas e incluirão outra prática, a atenção plena da respiração e do corpo, o que resultará em uma única sessão de 20 minutos de meditação sentada. Depois disso, a Corrente 1 se estenderá ainda mais, com o acréscimo de dois outros elementos, resultando em uma sessão de meditação sentada combinada de 40 minutos. Mas falaremos sobre isso mais adiante. Por ora, vamos nos concentrar na segunda prática a ser adicionada, a atenção plena da respiração e do corpo.

Nessa prática, você começará a ampliar a abrangência da sua atenção, passando a se concentrar também no corpo como um todo, além da respiração, enquanto permanece sentado, respirando.

QUADRO 4: ATENÇÃO PLENA DA RESPIRAÇÃO E DO CORPO

Na medida do possível, mantenha a atenção na respiração, enquanto o ar entra em seu corpo e sai dele. Talvez você sinta um leve estiramento no abdômen no momento em que o ar entrar e um delicado relaxamento quando ele sair. Apenas permaneça com a respiração, da maneira como ela se apresentar.

1. Então deixe que seu campo de atenção se expanda em torno da respiração. Comece a incluir, nesse campo, algumas das numerosas

sensações do corpo, sejam elas quais forem. Permaneça com a percepção da respiração deslocando-se pelo corpo e deixe que o foco primário seja uma percepção do corpo como um todo – respire.

2. Você poderá ter consciência de sensações nos pés – uma sensação de toque, pressão ou contato. Poderá ter consciência de sensações na região em que o corpo entra em contato com o assento. Veja como é deixar que essas sensações sejam apenas sensações. Sensações nas mãos, nos ombros, no rosto – mantenha-as na consciência, enquanto sente seu corpo respirar.

3. Deixe todas essas sensações, mais a sensação da respiração e do corpo como um todo, numa ampla e vasta consciência, apenas descansando, com delicada atenção ao campo de sensações em constante modificação.

4. Como sempre, a mente divagará. Quando isso acontecer, apenas repare para onde ela foi – talvez seja interessante rotular isso com leveza: "Ah, estou pensando..." ou "Oh, sim, estou planejando..." e, depois, de maneira suave e delicada, volte a atenção para a respiração e o corpo como um todo.

5. Mantenha as coisas simples – permanecendo com o padrão de sensações em constante transformação por todo o corpo –, de momento em momento.

6. Caso constate sensações particularmente intensas em alguma parte do corpo, e se a sua atenção for repetidamente atraída para essas sensações – para longe da respiração ou do corpo como um todo –, você pode modificar a sua postura com delicadeza; permaneça consciente da intenção de se mover e de todas as sensações envolvidas no movimento em si. Ou, então, você pode conduzir o foco para a região de maior intensidade e, com delicada atenção, investigar o padrão detalhado de sensações nessa área. Quais são, de fato, as qualidades dessas sensações? Onde, exatamente, elas estão localizadas? Elas variam com o tempo ou se deslocam,

inclusive na região de maior intensidade? Apenas sinta o que está presente e imediatamente vivencie isso.
7. Você também pode realizar essa exploração usando a respiração para conduzir a sua consciência à região de intensidade, respirando nela, soltando o ar a partir dela. Mas não fique tenso ou preparado para alguma coisa; em vez disso, seja aberto e suave. Na medida do possível, apenas permaneça com o que está presente – aceite, sem interferir.
8. Então, nos momentos finais da meditação, leve a atenção uma vez mais apenas para a respiração. Talvez você repare que a respiração está sempre presente e pode ser uma âncora à qual retornar, a fim de sentir calma, equilíbrio e um sentimento de simples autoaceitação.

MEDITAÇÃO DE ATENÇÃO PLENA DOS SONS E DOS PENSAMENTOS

Quem optou pela prática em casa da Corrente 1, agora prolongará ainda mais a meditação sentada. Tendo começado a sessão de meditação com a atenção plena da respiração e, em seguida, adicionado imediatamente uma sessão de atenção plena da respiração e do corpo, você continuará sentado e incluirá uma sessão de meditação de atenção plena dos sons e dos pensamentos, realize uma meditação de 8 minutos usando a faixa ◐11 (◉8 min.).

Na primeira parte dessa meditação, você pode manter a atenção na respiração e no corpo como um todo e, depois, abandonar a atenção particular na respiração e no corpo e expandi-la, no intuito de acolher sons vindos de todas as direções, apenas deixando que esses sons venham e partam. Aqui, você não *pensa sobre* os sons, simplesmente os *vivencia*. Não pensa a respeito dos significados ou das implicações desses sons; simplesmente deixa que eles sejam padrões de experiência sensorial, com ritmo, altura, timbre e duração próprios deles. Deixe que eles venham, partam e mudem da forma como isso acontecer. Apenas deixe que eles sejam como são.

Depois de algum tempo, deixe de lado essa atenção particular aos sons e avance para a segunda parte da prática, direcionando a atenção para o que passa pela sua mente.

Isso pode ser um pouco mais complicado. Até aqui, em todas as práticas de meditação realizadas, foi possível notar que a mente não costuma ficar quieta. Pensamentos, imagens, memórias, emoções, todos vêm e vão no espaço da mente. Até agora, ao notar que algum tipo de atividade mental afastou a sua atenção do foco pretendido, você recebeu instruções para simplesmente reparar que isso aconteceu, verificar para onde a sua mente foi e depois, com delicadeza, levar a atenção de volta para a respiração, para a respiração e o corpo ou para os sons. Neste momento você fará algo diferente. Em vez de perceber um pensamento ou outro tipo de atividade mental e, depois, abandoná-lo, a intenção aqui é observá-lo – "deixe que ele seja como é", enquanto ele se modifica e circula – e continuar a observá-lo, prestando atenção, de momento a momento, ao que quer que esteja se movendo no espaço da mente.

Essa é uma prática sutil e, neste caso, é ainda mais importante desistir de qualquer tentativa de "fazer a coisa certa". Você terá de lidar com alguns pontos delicados. Primeiro, ao voltar a atenção para os pensamentos, as imagens ou outra atividade mental, é muito fácil ser arrastado para dentro deles. Em um momento talvez você esteja observando um pensamento e, em seguida, rapidamente, dê consigo *pensando* esse pensamento. Às vezes é assim que as coisas acontecem. Não se trata de um erro, mas observe como é voltar, repetidas vezes, à perspectiva do "observador".

De modo eventual, um estranho mecanismo também entra em ação aqui. Ao ficar atento a um pensamento ou outra atividade mental, esse próprio processo de atenção consciente pode absorver os recursos mentais originalmente envolvidos nesse pensamento ou nessa atividade mental. Desse modo, se antes, ao meditar, possa ter havido muitos pensamentos, agora talvez você constate que, ao buscar conscientemente prestar atenção aos pensamentos, não há pensamentos aos quais prestar atenção!

Isso é bastante comum e não representa um problema. Se acontecer com você, apenas repare com delicadeza que o pensamento "Não há pensamentos aqui" é, por si só, um pensamento e continue a observar o que há se movendo no espaço da mente – mesmo que não haja muita coisa ali. Por fim, talvez você descubra que, sem um foco definido, como a respiração ou a respiração e o corpo, a mente pode ficar bastante agitada durante a meditação. Se esse for o seu caso, apenas observe isso e, de maneira suave e delicada, leve a atenção para a respiração por alguns momentos, no intuito de adquirir alguma estabilidade antes de expandir o foco mais uma vez.

QUADRO 5: ATENÇÃO PLENA DOS SONS E DOS PENSAMENTOS

1. Procure, ao máximo, manter a atenção na respiração, enquanto o ar entra em seu corpo e sai dele.
2. Consciente do seu corpo por inteiro, respirando, comece com delicadeza a prestar atenção ao campo de sensações por todo o corpo, de momento a momento.
3. Em seguida, deixe que o foco da sua atenção se desloque das sensações no corpo para a audição. Desloque a atenção para a sensação do som e deixe que a consciência se abra e se expanda, tornando-se receptivo a quaisquer sons que possam surgir.
4. Não é preciso procurar sons ou tentar ouvir sons particulares. Em vez disso, apenas se torne receptivo aos sons vindos de todas as direções – consciente dos sons óbvios e de sons mais sutis, consciente dos espaços entre os sons, consciente do silêncio.

5. Na medida do possível, tenha consciência dos sons *como* sons. Repare em qualquer tendência de interpretar esses sons, de associar histórias e significados a eles e, em vez disso, veja como é apenas meditar com a consciência das qualidades sensoriais deles: a altura, a intensidade, o ritmo e a duração.
6. Depois de algum tempo, deixe de se manter consciente dos sons e, no lugar disso, abra sua atenção para o que quer que esteja se movendo em sua mente. Apenas observe – pensamentos, imagens, sonhos, emoções...
7. Assim como os sons são experiências na mente, os pensamentos e outras atividades mentais são apenas experiências na mente. E assim como os sons surgem, permanecem algum tempo e depois passam, os pensamentos também surgem, permanecem e passam.
8. Não é necessário tentar fazer os pensamentos virem ou irem embora – apenas deixe que surjam e passem naturalmente, como eles irão fazer.
9. Como nuvens no céu, os pensamentos surgem, se deslocam pela mente e se extinguem. E, quer essas nuvens sejam escuras e tempestuosas ou brancas e fofas, apenas as observe, deixando que sejam como são.
10. Você pode encontrar outras analogias proveitosas. Talvez veja seus pensamentos como os vagões de um trem passando por uma estação. Mas não se trata do seu trem, e você não precisa entrar nele. Pode ficar satisfeito em apenas observá-lo passar.
11. Ou talvez seus pensamentos sejam como folhas em um curso de água, que apenas flutuam rio abaixo, enquanto você permanece sentado na margem, observando.
12. Se quaisquer pensamentos chegarem acompanhados de intensos sentimentos ou emoções, agradáveis ou desagradáveis, procure ao máximo apenas registrar a "carga emocional" e a intensidade deles e deixe que eles sejam como são.

13. Se a sua mente ficar sem foco e dispersa, se ela for repetidamente arrastada para o drama de seus pensamentos e suas fantasias, talvez você possa se voltar para a respiração por alguns momentos e usá-la como uma âncora para, suavemente, estabilizar seu foco.
14. Antes de encerrar a prática, talvez você queira, outra vez, direcionar um pouco sua atenção para a respiração, seguindo cada inalação e cada exalação.

CONSCIENTIZAÇÃO INDIFERENTE

Não há muito a ser dito sobre essa prática. Tudo o que se faz é manter a atenção no que quer que surja no espaço da mente e do corpo, a cada momento.

A intenção é permanecer *presente* com o que quer que surja. Pensamentos, emoções, memórias, imagens, sons, sensações corporais, impulsos... Deixe que venham e partam, como costumam fazer, e apenas permaneça presente, repousando a atenção ao que quer que surja no momento presente.

O único requisito para essa prática é a vigilância personificada.

QUADRO 6: CONSCIENTIZAÇÃO INDIFERENTE

1. Comece acompanhando apenas a respiração por alguns momentos e, depois, expanda a atenção de modo que ela inclua a respiração e o corpo, realize uma meditação de 3 minutos usando a faixa ⬇12 (⏱3 min.).
2. Em seguida, quando estiver pronto, abandone o foco na respiração e deixe que o seu campo de consciência se abra para o que quer que surja no cenário da mente, no corpo e no mundo à sua volta. Permaneça o mais desperto e aberto possível.

3. Abandone a intenção de focalizar qualquer objeto em particular e simplesmente descanse em sua consciência, captando sem esforço o que quer que surja de momento a momento. Talvez a respiração e as sensações do corpo ou sons, pensamentos e emoções. Apenas permaneça sentado – completamente desperto, sem se ater a nada, sem procurar por nada.
4. Se em algum momento a mente se tornar dispersa demais, você pode voltar à respiração, para estabilizar seu foco. Depois, retirando outra vez a atenção da respiração, retorne a um estado de simples abertura.
5. Como um espelho vazio, que reflete somente o que aparece diante dele, não espere nada, não se agarre a nada.
6. Seja a própria consciência e preste atenção a todo o campo de experiência do momento presente, com calma e tranquilidade.

TRABALHANDO A LENTE DA ATENÇÃO

As práticas de meditação desta semana começam com uma sessão de atenção concentrada e depois expandem a abrangência da atenção. Ao assistir a uma apresentação em um palco, vemos que às vezes os técnicos de iluminação reduzem o feixe de luz, a fim de que ele caia apenas sobre um dos artistas, deixando o restante do palco no escuro. Outras vezes, eles optam por encher o palco de luz, no intuito de nos fazer ver todo o palco igualmente. Entre esses dois extremos, todos os tipos de iluminação podem ser ajustados, a fim de possibilitar que a plateia focalize uma extensão maior ou menor do que está acontecendo no palco.

Da mesma maneira, você pode trabalhar a lente da sua atenção. Às vezes você mantém um foco relativamente restrito, talvez prestando atenção apenas às sensações de cada respiração. Outras vezes mantém um foco muito mais amplo, talvez observando sons que vêm e vão embora. E há muitas outras opções.

Ser capaz de trabalhar a lente da atenção traz verdadeiros benefícios. A atenção concentrada pode acalmar e estabilizar a mente. Pode ajudá-lo a permanecer presente diante de experiências difíceis e a se religar ao momento presente quando o piloto automático o tiver conduzido a outra reação.

Por outro lado, uma atenção mais vasta possibilita uma conexão com uma imagem mais ampla. Permite que você se conscientize não apenas de experiências desafiadoras, mas também da maneira como está se relacionando com elas. Isso pode ajudá-lo a alterar o seu relacionamento com a dificuldade, talvez ajudando-o a se deslocar do modo mental de "evitar" para o modo mental de "se aproximar".

O fato de alcançar uma maneira mais ampla de prestar atenção à sua experiência pode ajudá-lo a combater o modo como as reações podem, às vezes, ocasionar um estado de contração, uma espécie de enrijecimento defensivo diante da dificuldade. Um modo mais amplo de atenção pode ajudá-lo a relaxar em torno disso, a se abrir, se suavizar e encontrar um pouco mais de conforto.

Um modo mais amplo de atenção pode ajudá-lo a ver as coisas de uma maneira mais geral. Embora possa haver dificuldades em algumas partes da sua experiência, elas provavelmente não são generalizadas – algumas partes da sua experiência podem simplesmente ser aceitáveis. Afinal de contas, desde que você esteja respirando, certamente há mais coisas certas do que erradas com você!

QUADRO 7: A NEUROFISIOLOGIA DO ESTRESSE

Há cerca de 12 mil anos, nossos ancestrais descobriram as possibilidades da agricultura sedentária, e isso mudou tudo. Até então, os primeiros seres humanos viviam em bandos, como caçadores-coletores, perambulando por florestas ou savanas, sobrevivendo com o que conseguiam matar ou forragear, vivendo um modo de vida que começou há cerca de 2,6 milhões de anos.

Vivemos apenas em sociedades sedentárias por uma minúscula fração do tempo ao longo do qual nossa espécie evoluiu – pouco mais de 1 por cento desse tempo. Do ponto de vista evolucionário, isso é muito próximo de nenhum tempo. Grande parte do *hardware* e do *software* que regulam a maneira como nos comportamos foi formada em circunstâncias muito mais primitivas e, ao entender como parte deles funciona, você pode se tornar mais capaz de usá-los de modo eficaz.

Vamos recuar no tempo e dar uma olhada nos principais sistemas neurobiológicos que emergiram no passado muito distante e têm sido altamente eficazes para garantir a nossa sobrevivência como espécie.

Imagine que você está na floresta, caçando ou coletando alimentos, e ouve um rosnado baixo indicando haver um urso atrás de uma pedra. O vento está soprando na sua direção, de modo que o urso ainda não o farejou. O que acontece agora?

Milhões de anos de evolução o dotaram de um conjunto de sistemas neurobiológicos que entram em ação imediatamente, trabalhando juntos de maneira rápida a fim de tentar garantir a sua sobrevivência. Você não precisa pensar a respeito deles – o que acontece agora é praticamente automático.

O que é conhecido como "sistema nervoso simpático" entra em atividade. As suas amígdalas – partes do cérebro conectadas, entre outras coisas, com as reações de medo – entram em ação, e uma sucessão de neurotransmissores, como adrenalina, noradrenalina e cortisol, inundam seu sistema. Instantaneamente, todo o seu sistema corpo-mente entra no modo "lutar, fugir, paralisar".

Seus músculos se contraem, e você prende a respiração, impedindo que você alerte o urso de sua presença. A injeção de adrenalina das glândulas logo acima dos rins faz com que sua frequência cardíaca e sua pressão arterial subam velozmente, bombeando sangue aos seus grandes grupos musculares, no intuito de deixá-lo pronto para lutar ou fugir. Você para de digerir – não é interessante desperdiçar energia com a digestão quando há um urso atrás daquela pedra. Os circuitos neurais não essenciais param de funcionar. Você não precisa se lembrar da fórmula exata do teorema de Pitágoras quando há um urso atrás da pedra; tudo o que você precisa fazer é o que as suas funções cerebrais mais básicas permitem que você faça: lutar ou correr. O cortisol inunda seu sistema. Isso desvia energia do sistema imunológico para o perigo atual. Isso debilita a sua resposta imunológica, mas, se há um urso atrás daquela pedra, a possibilidade de você pegar uma gripe na semana seguinte se torna irrelevante; esse não é o seu problema atual. O cortisol também é anti-inflamatório, o que é excelente se você estiver para sofrer um corte ou uma contusão.

Desse modo, você se afasta do urso, volta para a fogueira da família com o que conseguiu matar e coletar, e outro conjunto de sistemas entra em ação. Agora o "sistema nervoso parassimpático" assume o controle. O sistema parassimpático, ou de "acalmar e conectar", o ajuda a se recuperar dos efeitos prejudiciais do sistema simpático de "lutar, fugir e paralisar".

i

Você se senta com a família e os amigos, comendo e se sentindo seguro. Talvez as pessoas estejam cantando, compondo músicas e danças a respeito de como você escapou milagrosamente do urso, e todos estão se sentindo bem. A vasopressina ajudou a regular sua frequência cardíaca e sua pressão arterial. A oxitocina é liberada, o que favorece a sensação de intimidade e bem-estar social. Ocorre um aumento da secreção de imunoglobulina A, e a produção de células assassinas naturais é intensificada, fortalecendo o sistema imunológico. O hipocampo é estimulado, aprimorando a memória e possibilitando um novo aprendizado, e todos se sentem bem.

Nesse estado, em geral você fica propenso a vivenciar os eventos como predominantemente positivos, e não ameaçadores ou negativos, o que estimula ainda mais o sistema parassimpático.

Tudo isso funciona bem se você precisar fugir de um urso, mas pode ser ineficaz no tipo de ambiente em que a maioria de nós vivencia desafios estressantes hoje em dia.

Tomemos o medo de falar em público. Um estudo da população dos Estados Unidos, em 1973, descobriu que o medo de falar diante de um grupo era o mais comumente relatado de todos os tipos de medo examinados. Ele foi relatado com uma frequência mais de duas vezes maior do que o medo da morte.

Imagine que você tenha esse medo e, no intuito de superá-lo, decide enfrentá-lo se oferecendo para fazer uma apresentação sobre seu *hobby* favorito para um grupo local que compartilha do mesmo interesse. "Dificilmente alguém vai aparecer", você pensa com os seus botões. "Talvez 12 pessoas, no máximo. Será um teste preliminar fácil." No entanto, ao chegar ao salão da palestra, você percebe que 50 pessoas compareceram ao evento.

O que acontece agora?

Seu sistema nervoso simpático é ativado, mobilizando-o para lutar, fugir ou ficar paralisado. Sua frequência cardíaca e sua pressão arterial sobem vertiginosamente, bombeando seus músculos com sangue, a fim de deixá-lo pronto para lutar ou fugir. Seus músculos se contraem e sua respiração é reduzida: você não quer alertar o potencial predador da sua presença. Sua digestão é interrompida, seu cérebro para de funcionar, de modo que você não consegue pensar claramente, e o cortisol inunda seu sistema, preparando-o para ficar curado de cortes ou contusões.

Esse é o legado de milhões de anos de evolução, e ele não teve tempo para se adaptar à situação em que você se encontra hoje. Você não pode contar com a sua herança evolucionária para ajudá-lo a lidar com esse tipo de desafio. Na realidade, ela frequentemente atrapalha.

A boa notícia é que, com o treinamento da atenção plena, você pode aprender a instituir respostas conscientes às ameaças quando reações inconscientes a essas ameaças entram em ação.

Desse modo, você chega ao salão, vê um grupo de pessoas que o aguardam e sente que está começando a ficar ansioso. Você nota as sensações de ansiedade e faz um espaço da respiração de três passos a fim de conseguir lidar com a situação. Isso o ajuda a ficar calmo e pronto para a apresentação. Você sente um frio na barriga, mas direciona a atenção consciente para essa sensação, com curiosidade, constatando, apenas, que está sentindo um frio na barriga.

Apenas deixar que o que existe aqui *seja* como é não elimina o seu nervosismo de imediato, mas o ato de se voltar para as sensações na barriga com uma curiosidade consciente faz com que você adote um modo mental de se aproximar e se afaste do modo mental de evitar.

O modo mental de evitar reduz a abrangência da sua atenção e o mantém preso em padrões habituais de reatividade. No modo mental de se aproximar, a abrangência da atenção pode ser ampliada – novos recursos se tornam disponíveis e, consciente de que ainda está nervoso e que tem permissão para se sentir assim, você tem agora recursos suficientes para realizar uma boa apresentação.

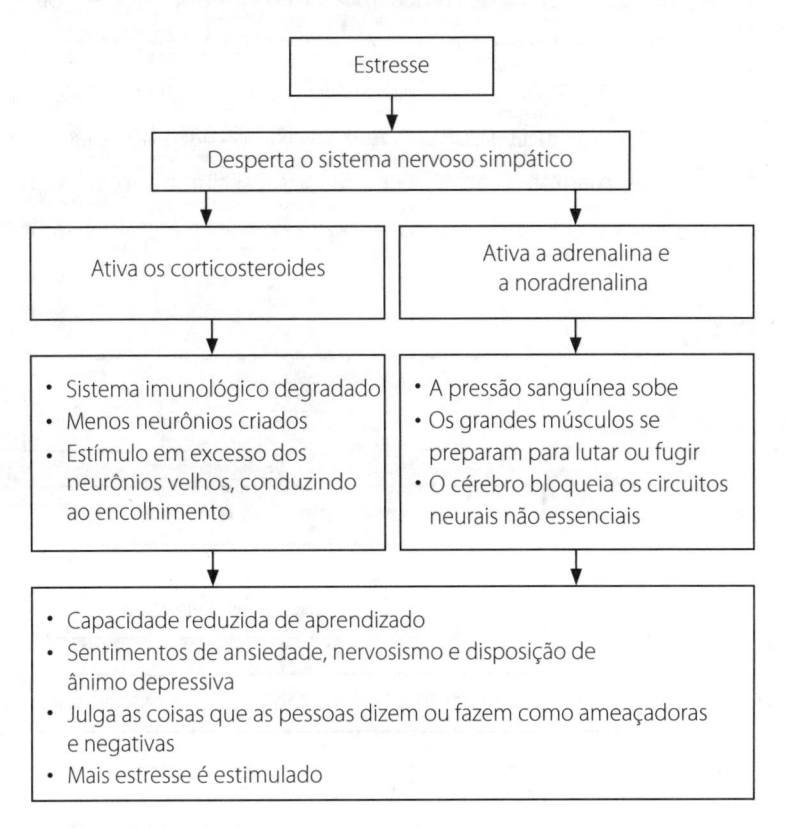

```
┌─────────────┐
│  Estresse   │
└──────┬──────┘
       ▼
┌──────────────────────────────────┐
│ Desperta o sistema nervoso simpático │
└──────┬───────────────────┬───────┘
       ▼                   ▼
┌──────────────┐   ┌──────────────────┐
│ Ativa os     │   │ Ativa a adrenalina e │
│ corticosteroides │ │ a noradrenalina    │
└──────┬───────┘   └──────────┬───────┘
       ▼                      ▼
```

- Sistema imunológico degradado
- Menos neurônios criados
- Estímulo em excesso dos neurônios velhos, conduzindo ao encolhimento

- A pressão sanguínea sobe
- Os grandes músculos se preparam para lutar ou fugir
- O cérebro bloqueia os circuitos neurais não essenciais

- Capacidade reduzida de aprendizado
- Sentimentos de ansiedade, nervosismo e disposição de ânimo depressiva
- Julga as coisas que as pessoas dizem ou fazem como ameaçadoras e negativas
- Mais estresse é estimulado

Diagrama 1: Sistema Nervoso Simpático

As reações à ameaça são rápidas e inconscientes. Usando os seus recursos conscientes mais lentos, você pode notar quando elas estão entrando em ação e, é nesse ponto, quando se torna consciente do que está acontecendo, que você pode efetuar uma mudança.

Alguém dá uma fechada em você no trânsito, as suas reações à ameaça entram em ação e a sua frequência cardíaca aumenta vertiginosamente, as suas mãos apertam o volante, você encolhe os ombros e o seu estômago começa a revirar. Você percebe, então, o que está acontecendo, conscientiza-se do corpo e da respiração, respira de maneira profunda algumas vezes, relaxa as mãos no volante, solta os ombros, mantém a atenção na respiração durante mais algum tempo e, desse modo, institui uma resposta ao estresse mais eficaz e consciente.

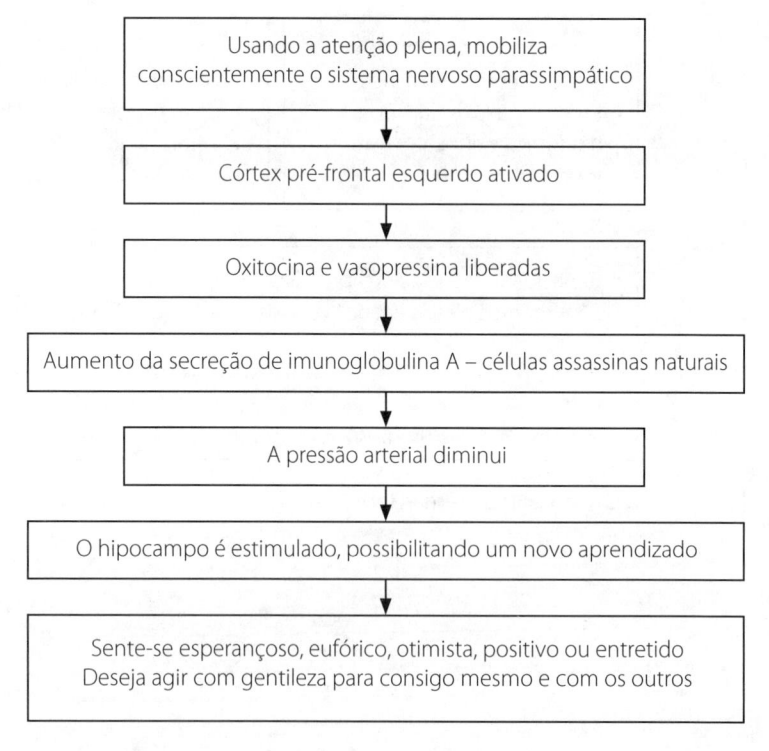

```
┌─────────────────────────────────────────────────────┐
│ Usando a atenção plena, mobiliza                    │
│ conscientemente o sistema nervoso parassimpático    │
└─────────────────────────────────────────────────────┘
                          ↓
┌─────────────────────────────────────────────────────┐
│ Córtex pré-frontal esquerdo ativado                 │
└─────────────────────────────────────────────────────┘
                          ↓
┌─────────────────────────────────────────────────────┐
│ Oxitocina e vasopressina liberadas                  │
└─────────────────────────────────────────────────────┘
                          ↓
┌─────────────────────────────────────────────────────┐
│ Aumento da secreção de imunoglobulina A – células assassinas naturais │
└─────────────────────────────────────────────────────┘
                          ↓
┌─────────────────────────────────────────────────────┐
│ A pressão arterial diminui                          │
└─────────────────────────────────────────────────────┘
                          ↓
┌─────────────────────────────────────────────────────┐
│ O hipocampo é estimulado, possibilitando um novo aprendizado │
└─────────────────────────────────────────────────────┘
                          ↓
┌─────────────────────────────────────────────────────┐
│ Sente-se esperançoso, eufórico, otimista, positivo ou entretido │
│ Deseja agir com gentileza para consigo mesmo e com os outros    │
└─────────────────────────────────────────────────────┘
```

Diagrama 2: Sistema Nervoso Parassimpático

A reatividade habitual ao estresse sensibiliza o sistema de reação ao estresse. Você pode começar a viver mais ou menos pronto para disparar. Por outro lado, a prática regular da atenção plena abranda esse sistema. Com o tempo e com a prática, você se torna menos reativo e mais capaz de responder de modo mais imediato.

QUADRO 8: CORRENTE 1
PRÁTICA EM CASA PARA A QUARTA SEMANA

- Pratique 40 minutos de meditação sentada em uma única sessão de meditação sentada por três vezes nesta semana (⬇14 ⏱40 min.).
- Nos dias em que não realizar a meditação de 40 minutos, faça 30 minutos de meditação sentada (⬇15 ⏱30 min.) e, logo depois disso ou em outra ocasião, faça 5 minutos de meditação andando. Use como orientação a faixa "Meditação Andando" (⬇9 ⏱5 min.) pelo menos uma vez – depois disso, experimente fazer essa meditação sem orientação.
- Pratique o espaço da respiração de três passos pelo menos três vezes por dia, seja quando pensar nele ou associando-o a três atividades que você realize regularmente ou a lugares aonde vá todos os dias (talvez ao acordar e/ou ir para a cama, antes de um programa de televisão ao qual você tenha o hábito de assistir, antes de uma refeição específica, na primeira vez em que entrar em seu carro, no trem ou no ônibus, quando chegar à sua mesa de trabalho ou outro tipo de equipamento).
- Além disso, pratique o espaço da respiração de três passos sempre que detectar sentimentos desagradáveis ou se sentir desequilibrado.

- Reflita por algum tempo sobre as seguintes perguntas de revisão parcial:
  - O que estou aprendendo por meio deste processo?
  - O que preciso fazer ao longo das próximas quatro semanas para extrair o máximo possível do restante do curso?

QUADRO 9: CORRENTE 2
PRÁTICA EM CASA PARA A QUARTA SEMANA

- Pratique 20 minutos de meditação sentada pelo menos três vezes nesta semana (⬇16 ⏱20 min.).
- Nos dias em que não for realizar os 20 minutos de meditação sentada, pratique a meditação da atenção plena da respiração; use a faixa "Atenção Plena da Respiração (Versão de 10 minutos)" (⬇4 ⏱10 min.). Logo depois disso ou em outra ocasião, faça 5 minutos de meditação andando; utilize como orientação a faixa "Meditação Andando" (⬇9 ⏱5 min.) pelo menos uma vez – depois disso, experimente realizar essa meditação sem orientação.
- Pratique o espaço da respiração de três passos pelo menos três vezes por dia, seja quando pensar nele ou associando-o a três atividades que você realize regularmente ou a lugares aonde vá todos os dias (talvez ao acordar e/ou ir para a cama, antes de um programa de televisão ao qual você tenha o hábito de assistir, antes de uma refeição específica, na primeira vez em que entrar em seu carro, no trem ou no ônibus, quando chegar à sua mesa de trabalho ou outro tipo de equipamento).

- Além disso, pratique o espaço da respiração de três passos sempre que detectar sentimentos desagradáveis ou se sentir desequilibrado.
- Reflita por algum tempo sobre as seguintes perguntas de revisão parcial:
    - O que estou aprendendo por meio deste processo?
    - O que preciso fazer ao longo das próximas quatro semanas a fim de extrair o máximo possível do restante do curso?

QUINTA

SEMANA

DEIXAR QUE AS COISAS SEJAM COMO SÃO

As experiências desagradáveis e indesejadas são uma parte inevitável da vida.

Em determinados aspectos, você não tem nenhuma escolha – as experiências desagradáveis e indesejadas *são* inevitáveis. Por mais que tente definir as coisas, por melhor que seja em relação a se organizar e construir a vida que deseja para si mesmo e para os seus entes queridos, você nunca conseguirá erradicar o indesejado. Não é possível fazer isso. No entanto, você pode escolher como responder ao indesejado quando ele aparece.

Como vimos no capítulo anterior, a tendência humana natural é reagir ao indesejado com aversão. Também vimos como a prática da atenção plena possibilita uma escolha. Em vez de reagir cegamente, é possível responder de modo atento – e esse deslocamento da reação para a resposta pode abrir uma via de acesso para uma crescente liberdade.

QUADRO 1: OUTRA MANEIRA DE ACEITAR O QUE É DIFÍCIL

Hoje em dia, no Reino Unido, o controle de fronteira nos aeroportos está cada vez mais rigoroso e, frequentemente, conta com um número insuficiente de pessoal. Isso significa que, quando há um grande movimento, as filas podem ficar enormes. Os passageiros experientes fazem questão de aprender a lidar com a situação de maneira a não precisar esperar tempo demais.

Sarah é uma passageira assim. Como voltava a Londres depois de uma breve viagem à Alemanha, ela levava apenas uma bagagem de mão. Ela conseguiu um assento na parte da frente do avião e, assim que as portas se abriram, caminhou com um passo apressado no intuito de chegar na frente dos outros passageiros ao controle de passaportes.

Para sua consternação, ao chegar ao salão de imigração, encontrou longas filas em todos os guichês. A seção eletrônica de verificação de passaporte não estava funcionando. "Quando eles vão arrumar isso?", murmurou irritada a si mesma, entredentes, enquanto procurava a fila mais curta.

Ela escolheu uma fila e esperou, tamborilando a coxa com os dedos com uma impaciência evidente.

Sarah não havia escolhido a melhor fila. Após alguns minutos, o funcionário do guichê pegou o passaporte de alguém e foi consultar seu supervisor. Ninguém o substituiu no guichê. Todas as outras filas haviam aumentado, e nenhuma andava muito rapidamente. Sarah estava imobilizada e começou a ficar furiosa. Ela se virou para a pessoa atrás dela e comentou: "Isto é incompetência! Olhe para essas filas! Que tipo de mensagem estamos enviando aos que visitam o nosso país?". Mas a pessoa atrás dela não quis conversar, e Sarah teve de ruminar os próprios pensamentos. Seu maxilar estava dolorosamente contraído, os ombros tensos e o estômago retraído.

Foi então que ela se lembrou de algo que ouvira em uma sessão de apresentação gratuita da atenção plena oferecida às pessoas em seu trabalho. "Muito bem", ela pensou, "não tenho nada a perder, vamos tentar isso agora". Então Sarah voltou a atenção para o seu corpo, primeiro para a sensação de contração em seu estômago. Para sua surpresa, o local estava quente – de maneira realmente intensa. "Céus", ela pensou, "estou fervendo por dentro, fervendo mesmo!". Permanecendo

> com essa sensação e essa imagem, respirando com ela, Sarah percebeu que estava cada vez mais interessada no que acontecia dentro dela. Era muito complexo. Havia o sentimento de calor, o conjunto de tensões, o sentimento de resistência àquelas tensões.
>
> E então, para o completo assombro de Sarah, todo o quadro mudou. Em um instante. Toda a tensão diminuiu de maneira gradual. O calor simplesmente desapareceu, e ela ficou ali, surpresa, respirando – esperando na fila, com paciência e refletindo sobre o que acabara de vivenciar.

Sarah se voltou *para* o que estava vivenciando. Prestou atenção em como os sentimentos de raiva e frustração se manifestavam em seu corpo e, depois, esses sentimentos e essas sensações de repente desapareceram. Vamos examinar melhor o que aconteceu.

Para começar, as filas longas e imprevisíveis no controle de passaportes produziram sentimentos de raiva e frustração em Sarah. Esses são, em si, sentimentos desagradáveis, os quais deram origem a sentimentos de aversão – Sarah não queria vivenciá-los. Isso criou um ciclo de *feedback*.

Na mente de Sarah, a princípio, os controles de fronteira do Reino Unido eram responsáveis por sua raiva e sua frustração. Mas depois ela percebeu que se tratava de algo completamente diferente. Era sua atitude *de evitar* que estava mantendo o sistema no lugar. Enquanto ela não se conscientizasse do sistema aversivo que estava alimentando e sustentando a sua raiva, esta perduraria. No entanto, no momento em que ela trocou o modo mental de evitar para o modo mental de *aproximar*, voltando-se para a sua experiência com interesse e curiosidade, ela parou de alimentar esses ciclos que se autoperpetuavam, e toda a situação mudou.

Essa história mostra uma das principais mensagens das abordagens da atenção plena: é a relação com o que é difícil ou desafiador que o mantém preso ao sofrimento, e não os sentimentos e as sensações desagradáveis que em geral acompanham a dificuldade e o desafio.

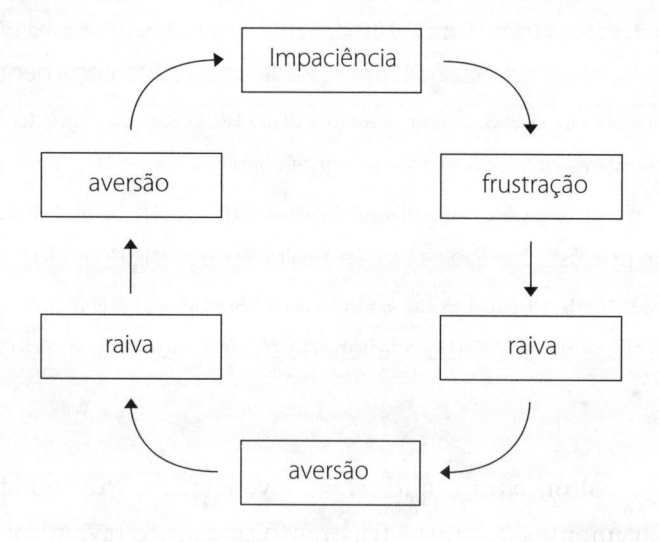

```
         Impaciência
    ↗              ↘
aversão          frustração
  ↑                 ↓
 raiva            raiva
    ↖              ↙
         aversão
```

Como vimos anteriormente, um dos principais aspectos da atenção plena é que ela nos exorta a deixar que o que é o caso seja o caso. Também vimos que essa atitude de "aceitação" acompanha outro conjunto de atitudes: a delicadeza, a suavidade e a curiosidade. Neste estágio do curso, espero que você esteja começando a ter uma noção de todas essas atitudes. O objetivo da prática desta semana é levar tudo isso a um novo estágio.

ACEITAR: DEIXAR QUE AS COISAS SEJAM COMO SÃO

Nesta semana, o curso pede que você comece a experimentar simplesmente aceitar as experiências difíceis ou desafiadoras, com os pensamentos, os sentimentos, as sensações e os impulsos que as acompanham; a permanecer consciente sem tentar mudá-los ou se livrar deles.

Isso não significa que você esteja sendo solicitado a se resignar ao que é difícil. A resignação é algo muito diferente. Ao se resignar, você não deseja a experiência que está tendo, mas se sente bastante indefeso para modificá-la e apenas a tolera. "Aceitar e deixar que as coisas sejam como são" é muito mais ativo do que isso. Envolve a disposição de experimentar – uma abertura para a vida em toda a sua complexidade. Requer prática, energia e um comprometimento consciente. Em vez de ser a vítima passiva da aversão reativa, a atitude de aceitar e deixar que as coisas sejam como são o convida a escolher como responder à dificuldade: a se aproximar dela com curiosidade, delicadeza e interesse.

Ao manter as coisas em sua consciência com suavidade – curioso e delicado –, você afirma que, de alguma maneira, pode enfrentar a dificuldade; que pode designá-la e trabalhar com ela.

Essa atitude radical e poderosamente anti-intuitiva diante da dificuldade é captada de maneira maravilhosa por Rumi, o poeta sufi do século XIII, no poema intitulado "A hospedaria".

QUADRO 2: A HOSPEDARIA

Este ser humano é uma hospedaria. Todas as manhãs, uma nova chegada.

Uma alegria, uma depressão, uma sordidez, alguma conscientização momentânea chega como um visitante inesperado.

Dê as boas-vindas e entretenha a todos! Mesmo que eles sejam um grupo de tristezas, que violentamente despojam a sua casa da mobília, ainda assim, trate cada hóspede com respeito. Ele pode estar esvaziando-o para uma nova alegria.

O pensamento sombrio, a vergonha, a malignidade. Receba-os na porta rindo e convide-os a entrar.

Seja grato pelo que quer que venha, porque cada um foi enviado do além como um guia.

Jelaluddin Rumi, versão em inglês de *Coleman Barks*

Vimos na Quarta Semana que, em vez de reagir de forma automática aos estressores, você pode responder de modo consciente a eles. Com esse intuito, você precisa, em primeiro lugar, vivenciar o estressor exatamente como ele é, no momento presente. Em outras palavras, você precisa deixar que ele seja como ele é.

Essa atitude de aceitar e deixar que as coisas sejam como são é algo que você pode cultivar na prática. Para ter uma ideia de como isso pode funcionar no seu dia a dia, experimente a prática "meditar com o que é difícil", no Quadro 3. A intenção dessa prática não é tornar as coisas incômodas para você; trata-se de uma oportunidade de usar as "condições de laboratório" para a mente, criadas na meditação, a fim de perceber com mais clareza como você costuma reagir ao que é difícil e explorar, de modo consciente, como pode ser adotar uma abordagem de maior aceitação.

Se quiser experimentar essa prática, prepare-se para a meditação e escute a orientação na faixa 17 dos *downloads*.

Você deve começar com a atenção plena da respiração, a fim de estabelecer certo grau de calma e foco. Então você deve passar para a atenção plena da respiração e do corpo, no intuito de expandir seu foco de atenção e se tornar mais plenamente consciente do que pode estar acontecendo em seu corpo de momento a momento. Na seção final, meditar com a dificuldade, você começará a explorar, de modo consciente, como é deixar que quaisquer dificuldades ou experiências indesejadas que tenham aparecido em sua meditação simplesmente sejam como são. Leve, o máximo possível, uma atitude de delicada e amável curiosidade a essas experiências, aceitando-as, deixando que elas sejam como são. Você poderá descobrir nessa prática que voltar-se *para* quaisquer sensações corporais presentes em um momento de dificuldade pode ser bastante proveitoso. Se as sensações corporais em si forem a fonte da dificuldade, como uma dor crônica, deslocar a atenção exatamente para essa área com uma atitude de delicada e amável curiosidade poderá ajudá-lo a mudar sua relação com a dor e a maneira como você a vivencia. Se a sua dificuldade estiver ligada à área dos pensamentos e dos sentimentos, voltar-se para quaisquer sensações corporais que surjam nessa ocasião muda o foco de sua atenção – isso pode ajudá-lo a evitar qualquer tendência a ruminar, por exemplo, ou ficar revirando repetidas vezes na mente pensamentos de ansiedade.

QUADRO 3: MEDITAR COM O QUE É DIFÍCIL

1. Comece com uma sessão de atenção plena da respiração seguida pela atenção plena da respiração e do corpo, realize uma meditação de 6 minutos usando a faixa (⬇10 ⏱6 min.).

2. Em seguida, examine os diferentes elementos da sua experiência neste momento. Que pensamentos estão presentes? Há sentimentos, sensações e impulsos? Caso haja, quais são eles? Reconheça-os gentilmente, observando-os sem qualquer tentativa particular de modificá-los. Você não está tentando afastar a atenção deles neste momento, nem torná-los de alguma maneira diferentes do que são.

3. Se qualquer um desses pensamentos, sentimentos, sensações ou impulsos parecer de alguma maneira desafiador ou indesejado, verifique como é estar com ele de um modo diferente, deixando que ele seja como é.

4. Se encontrar pensamentos ou sentimentos desafiadores no momento, tente verificar que sensações ou impulsos corporais os acompanham. Ou, caso se depare com sensações indesejadas no corpo, verifique que pensamentos, sentimentos e impulsos as acompanham.

5. Você pode ou não encontrar conexões aqui. Não é importante *pensar* sobre isso; a intenção é simplesmente observar, ver o que está presente e deixar que seja assim.

6. Se encontrar sensações corporais indesejadas, você pode realizar uma exploração deslocando a atenção para o âmago dessas sensações – aproximar-se do que é difícil, em vez de evitá-lo.
7. Você pode experimentar "inspirar" nessas sensações e "soltar o ar" a partir delas, abordando isso de uma maneira imaginativa, exatamente como fez no *body scan*.
8. Observe como é manter a atenção no aspecto físico do que é indesejado. Na medida do possível, mantenha a atenção na parte do corpo em que as sensações estão mais fortes e conserve o que encontrar ali com uma atitude acolhedora: curioso, amável, condescendente. Essa não é uma investigação fria e impessoal; é delicada, calorosa e amável.
9. Independentemente do que apareça – sejam quais forem os sentimentos, as sensações, os pensamentos ou os impulsos –, tudo é permitido. Trata-se dos hóspedes da sua hospedaria, chegando e partindo. Veja como é tratá-los com respeito, cordialidade e gentileza.
10. Continue a observar a mudança nas sensações, a notar a intensidade delas se modificar.
11. Quando a sua atenção se acomodar por um período e for capaz de permanecer com o fluxo cambiante de sensações por algum tempo, você pode tentar aprofundar a sua atitude de aceitação. Pode dizer a si mesmo mentalmente: "Ok. Posso estar com isso. É permitido. Vou me manter aberto a isso". Ou qualquer outro conjunto de frases que funcione para você. Não fique tenso nem se prepare para enfrentar sensações indesejadas; em vez disso, mantenha-se mais aberto e mais calmo. Veja como é tratar isso com respeito, cordialidade e gentileza. Se preferir, ao soltar o ar você pode dizer a si mesmo, várias vezes: "Estou mais aberto e mais calmo".

12. Lembre-se de que, ao dizer "Ok. Posso estar com isso..." ou "É permitido...", você não está dizendo que tudo está bem. Você não está fingindo. Está apenas permanecendo aberto ao que está presente, deixando que o que *é* o caso *seja* o caso. Você pode até dizer aos seus botões: "É aceitável não desejar esses sentimentos e essas sensações, mas eles estão aqui. Vou ficar aberto a eles".
13. Você não precisa *gostar* do que está vivenciando neste momento. Mas veja como é permanecer com isso – aceitando, deixando que seja como é.
14. Lembre-se de que nem todas as sensações físicas são acompanhadas por uma forte carga emocional. Se você não encontrar emoções fortes durante essa prática, isso é aceitável; apenas permaneça com quaisquer sensações corporais que possam aparecer, em especial as que não são agradáveis.

Experimente fazer uma versão dessa prática no seu cotidiano. Enquanto realiza as coisas do dia a dia, veja como é levar uma atitude de curiosidade amável e delicada a quaisquer pensamentos, sentimentos, sensações ou impulsos para os quais a sua mente seja repetidamente atraída. Passe um momento observando como você se relaciona com o que surge.

Ao fazer isso, você poderá notar que, às vezes, vivencia seus pensamentos, sentimentos e sensações de uma maneira reativa de não aceitação. Faz parte da condição humana tentar se agarrar às experiências de que você gosta, o que o leva a ficar apegado a elas. Ou a afastar as experiências de que você não gosta, por medo, irritação ou contrariedade, e isso faz com que você se contraia diante delas.

Aceitar e deixar que a sua experiência seja como é significa abrir espaço ao que quer que esteja acontecendo, em vez de tentar criar algum outro estado. Isso possibilita que você se acomode na conscientização do que está presente.

A maneira mais fácil de relaxar é parar de tentar fazer com que as coisas sejam diferentes.

Mas a abordagem de aceitação que estamos discutindo não é uma maneira inteligente de "corrigir" a sua experiência ou se livrar do indesejado. Não diz respeito a tentar, deliberadamente, modificar os seus sentimentos, porque isso seria evitar, se esquivar. Em vez disso, a intenção aqui é suavizar a maneira como as experiências indesejadas são mantidas na consciência: atenuar e abrir o relacionamento da aversão para certas experiências que estão por trás de uma parte tão grande da nossa angústia. Às vezes, os sentimentos ou as sensações poderão mudar, às vezes não. O que você deve tentar aqui, principalmente, é modificar a maneira como você *se relaciona* com eles, e isso muda tudo.

Como vimos, aceitação *não* é resignação. Ela possibilita que, em um passo inicial imprescindível, você se torne completamente consciente das dificuldades e responda de uma maneira habilidosa, em vez de reagir instintivamente, executando de modo automático as estratégias ineficazes que você talvez tenha para lidar com elas.

SEJA DELICADO CONSIGO MESMO

Na essência da abordagem da "aceitação" que discutimos até aqui, há uma atitude básica de cordialidade e delicadeza para com a sua experiência.

Como visto na Segunda Semana, você começa a realizar as práticas neste curso com a intenção de prestar atenção à sua experiência com uma atitude de delicada amabilidade diante do que quer que possa surgir. Você talvez se lembre de que destaquei três termos principais naquele capítulo: intenção, atenção e atitude. Vimos como, ao longo da prática, temos a tendência de esquecer e lembrar das três coisas. Repetidamente.

Repetidas vezes você se esquece e depois se lembra de levar uma atitude de delicada amabilidade ao que quer que vivencie durante a prática. Ao fazer isso, de modo bastante gradual, uma maior capacidade para a gentileza e a delicadeza poderá emergir.

> **QUADRO 4:** RELACIONAR-SE COM A AVERSÃO
>
> Meu amigo e colega John Teasdale, um dos fundadores da MBCT, escreveu em um artigo que ele e eu publicamos sobre uma vez em que ele estava em um treinamento, preparando-se para apresentar uma palestra – sobre a maneira como o desejo e a aversão impulsionam o sofrimento humano:
>
> "A experiência em si não é o problema", é o que ele planejava dizer ao público presente, "o problema é o nosso relacionamento com ela – a nossa necessidade de que ela seja de uma determinada maneira".
>
> Revolvendo esses pensamentos na mente ao acordar à noite, na véspera do dia da palestra, ele se deu conta, um pouco contrariado, de que estava bastante desperto. A sua reação mental imediata foi: "Oh, não, não quero ficar deitado aqui, acordado por horas, preciso dar um jeito de voltar a dormir". Desse modo, embora seu pensamento tivesse acabado de focar a ideia de que o problema não é a experiência em si, mas o nosso relacionamento com ela, a sua reação imediata foi tentar descobrir como se livrar dessa insônia indesejada, em vez de examinar o modo como estava se relacionando com ela.
>
> No entanto, como ele havia pensado sobre o que planejava dizer a respeito do desejo, da aversão e do sofrimento humano, não demorou muito para lhe ocorrer o seguinte: "Oh, isto é aversão – o problema aqui é minha necessidade de não estar acordado, e não a insônia em si".
>
> Guiado pela memória desse ensinamento, ele então examinou melhor sua experiência efetiva e verificou que a sua irritação por estar

acordado e a qualidade um tanto compulsiva da necessidade de voltar a dormir eram a fonte de sua contrariedade e, ironicamente, os elementos principais que o mantinham acordado. Com base nessa evidente constatação, ele abandonou com muita naturalidade a irritação e a necessidade de resolver o problema de insônia. Ele as acolheu de um modo consciente e, dali a um ou dois minutos, estava dormindo novamente.

Como a história ilustra, se ideias como esta podem ser mantidas viçosas e ativas em sua mente, permanecendo disponíveis para moldar e modelar a lente por meio da qual você enxerga e tem consciência das experiências difíceis, isso pode ser um componente essencial na sua capacidade de transformar seu sofrimento.

QUADRO 5: USAR O ESPAÇO DA RESPIRAÇÃO DE TRÊS PASSOS PARA ENFRENTAR AS DIFICULDADES

Quando estiver perturbado por pensamentos, sentimentos, sensações ou impulsos importunos, o espaço da respiração de três passos poderá ajudá-lo a lidar com eles.

1. Como visto na terceira semana, você começa o espaço da respiração adotando deliberadamente uma postura ereta e respeitável e levando a atenção para a sua experiência no momento presente. Ao usar o espaço da respiração para lidar com uma dificuldade, você presta uma atenção particular a qualquer experiência difícil que possa ter surgido, reconhecendo-a e identificando-a. Uma possibilidade é colocar a experiência em palavras. Por exemplo, você pode dizer, interiormente: "Sentimentos de raiva estão surgindo..." ou "Estou tendo pensamentos de autocrítica..." ou "A dor está presente...". Esses simples reconhecimentos são um primeiro passo importante para deixar que a sua experiência *seja* a sua experiência.

2. Em seguida, dirija a sua atenção para a respiração, com delicadeza. Na medida do possível, vivencie plenamente cada inalação e cada exalação, uma depois da outra. A respiração pode funcionar como uma âncora neste caso, trazendo-o para o presente e ajudando-o a se sintonizar com um estado de conscientização e quietude. A respiração não é usada aqui como um mecanismo para se esquivar, mas como uma maneira de se desligar da dificuldade. Você a utiliza para aguçar delicadamente o seu foco, aumentando a sua capacidade de ficar calmo e ter uma consciência benevolente.
3. Por fim, expanda a consciência que está em volta da respiração para o corpo como um todo, preenchendo o espaço que ele ocupa e sentindo todo o corpo respirar. Você também pode direcionar a respiração para qualquer desconforto, tensão ou resistência, "inspirando" nessas sensações e, ao respirar, deixando que elas se amenizem e se abram. Se ajudar, você pode tentar dizer a si mesmo: "É aceitável sentir o que estou sentindo" ou "É aceitável não me sentir ok". Dessa maneira, apenas deixe que as coisas sejam como são, exatamente como elas já são.

Mantendo a percepção do espaço dentro de você e à sua volta, retenha tudo na consciência, na medida do possível, e leve essa qualidade de conscientização expandida aos momentos seguintes do seu dia.

Praticar dessa maneira pode possibilitar que você conserve as experiências difíceis em um campo de consciência mais amplo ao percebê-las, deixando que elas sejam como são, em vez de travar uma batalha com elas.

Esse espaço de respiração destinado a ajudá-lo a lidar com as dificuldades poderá lhe proporcionar uma maneira de sair do modo automático ao lidar com elas, reconectando-se ao momento presente e à sua sabedoria inata.

QUADRO 6: CORRENTE 1
PRÁTICA EM CASA PARA A QUINTA SEMANA

1. Pratique "meditar com o que é difícil" uma ou duas vezes nesta semana, usando como orientação a faixa ⬇17 (⏱30 min.).
2. Como prática regular, realize uma meditação de 40 minutos usando como orientação a faixa ⬇14 (⏱40 min.). Se desejar, experimente algumas sessões de meditação sem a orientação do áudio. Se quiser se ater ao tempo e tiver um *smartphone*, há vários aplicativos disponíveis que podem ajudá-lo com isso no contexto da meditação. Eu utilizo o Insight Timer, mas faça uma busca e escolha o seu.
3. Pratique o espaço da respiração de três passos pelo menos três vezes por dia, seja quando pensar nele ou associando-o a três atividades que você realize regularmente ou a lugares aonde vá todos os dias (talvez ao acordar e/ou ir para a cama, antes de um programa de televisão ao qual você tenha o hábito de assistir, antes de uma refeição específica, na primeira vez em que entrar em seu carro, no trem ou no ônibus, quando chegar à sua mesa de trabalho ou outro tipo de equipamento).
4. Ao notar que está começando a se sentir estressado, pratique o espaço da respiração de três passos a fim de lidar com a situação e investigue maneiras de responder com maior atenção plena e mais cordialidade a si mesmo e à situação.
5. Leve a atenção plena aos momentos de reação e investigue opções para responder com mais atenção plena e criatividade. Treine abrindo espaço para responder no momento presente. Examine como usar a respiração pode trazê-lo ao momento presente.
6. Quando você se percebe disposto a "abraçar o indesejado", como se sente?

QUADRO 7: CORRENTE 2
PRÁTICA EM CASA PARA A QUINTA SEMANA

1. Pratique "meditar com o que é difícil" uma ou duas vezes nesta semana, usando como orientação a faixa ⬇18 (⏱20 min.)
2. Como prática regular, realize uma meditação de 20 minutos usando a faixa ⬇16 (⏱20 min.) ou qualquer outra combinação de meditações de 10 minutos com as quais queira trabalhar. Se desejar, experimente algumas sessões de meditação sem a orientação do áudio. Caso queira se ater ao tempo e tiver um *smartphone*, há vários aplicativos disponíveis que podem ajudá-lo com isso no contexto da meditação. Eu uso o Insight Timer, mas faça uma busca e escolha o seu.
3. Pratique o espaço da respiração de três passos pelo menos três vezes por dia, seja quando pensar nele ou associando-o a três atividades que você realize regularmente ou a lugares aonde vá todos os dias (talvez ao acordar e/ou ir para a cama, antes de um programa de televisão ao qual você tenha o hábito de assistir, antes de uma refeição específica, na primeira vez em que entrar em seu carro, no trem ou no ônibus, quando chegar à sua mesa de trabalho ou outro tipo de equipamento).
4. Ao notar que está começando a se sentir estressado, pratique o espaço da respiração de três passos a fim de lidar com a situação e investigue maneiras de responder com maior atenção plena e mais cordialidade a si mesmo e à situação.
5. Leve a atenção plena aos momentos de reação e investigue opções para responder com mais atenção plena e criatividade. Treine abrindo espaço para responder no momento presente. Examine como usar a respiração pode trazê-lo ao momento presente.
6. Quando você se percebe disposto a "abraçar o indesejado", como se sente?

SEXTA

SEMANA

RECONHECER OS PENSAMENTOS E AS EMOÇÕES COMO EVENTOS MENTAIS

CRIAR SIGNIFICADO

O que você acha que pode causar efeitos poderosos em como você se sente e no que você faz?

A essa altura, como você já deve ter notado ao meditar, uma vez ativados, os pensamentos podem funcionar automaticamente. Na meditação, você já terá se conscientizado repetidas vezes dos pensamentos e das imagens que passam por sua mente.

Ao repetidas vezes abandonar os pensamentos e trazer a atenção de volta para a respiração e para o momento presente, talvez você esteja começando a se tornar um pouco capaz de se distanciar deles. Até uma mínima distância poderá possibilitar que você comece a adquirir alguma perspectiva com relação aos seus pensamentos, a fim de começar a enxergar que eles são apenas eventos mentais. Eles não são a verdade, a realidade ou "eu mesmo". Os pensamentos são apenas pensamentos. O fato de vislumbrar isso pode ajudá-lo a perceber que pode haver outras maneiras de pensar a respeito das coisas, e isso é capaz de libertá-lo da tirania de padrões de pensamento ineficazes.

Os pensamentos e as imagens que repetidamente lhe vêm à cabeça podem, às vezes, lhe dar uma indicação do que está acontecendo de maneira mais profunda em sua mente. Pode ser possível captá-los e examiná-los com base em uma série de diferentes perspectivas. Ao se familiarizar com os seus padrões de pensamento habituais, automáticos e ineficazes, você pode se conscientizar mais dos processos que o conduzem a maneiras menos inventivas de pensamento e sentimento e modificá-los.

Avalie o seguinte cenário:

> John estava a caminho da escola.
> Ele estava preocupado com a aula de matemática.
> Ele acreditava que não conseguiria controlar a turma hoje.
> Afinal de contas, isso não fazia parte das obrigações de um zelador.

Repare no que acontece aqui. Com base em pequenos fragmentos de informação, você constrói uma imagem. Linha por linha, cada leitor cria a sua própria cena.

"John estava a caminho da escola."

Talvez você veja um pequeno estudante com uma mochila de livros saltitando alegremente a caminho da escola.

"Ele estava preocupado com a aula de matemática."

A imagem muda. Você pode sentir uma onda de empatia pela ansiedade do menino e imaginar a postura ansiosa de seus ombros e a pequena ruga em sua testa.

"Ele acreditava que não conseguiria controlar a turma hoje."

Opa! Ele é o professor. Ok – talvez a imagem de um jovem professor ainda aprendendo seu ofício, um tanto ansioso, lhe venha à mente.

"Isso não fazia parte das obrigações de um zelador."

Aha! Talvez você ria consigo mesmo ao perceber a pequena armadilha que o cenário armou para você.

É particularmente interessante que, enquanto não notou a pequena armadilha, é muito improvável que você tenha se conscientizado do que estava fazendo, ou seja, criando significado à medida que prosseguia na leitura. Isso é apenas o que nós, seres humanos, fazemos. É como "nos viramos" no mundo. Não é nem certo nem errado, mas pode nos causar problemas.

Criamos significado com base em pequenos fragmentos de informação, e esse significado quase sempre vai bem além dos fatos fornecidos. Atualizamos constantemente a nossa imagem do mundo à medida que novas informações se tornam disponíveis, como você fez ao ler a descrição do último cenário. No entanto, enquanto o mundo não prega uma peça em nós, como fez esse cenário, é muito pouco provável que nos conscientizemos de que estamos criando esse significado. De modo geral, acreditamos estar vendo o mundo como ele efetivamente é.

O treinamento da atenção plena pode fazer uma grande diferença nesse caso.

Pense no que vem acontecendo em sua prática de meditação até aqui. Digamos que você esteja fazendo uma meditação de atenção plena da respiração. Você inicia disposto a seguir a respiração, mas, em seguida, começa a pensar; depois se dá conta de que está pensando, então abandona o pensamento e leva a atenção de volta para a respiração. Se estiver realizando a prática em casa com alguma regularidade, a esta altura do curso já terá passado pela situação que acabo de descrever centenas, ou mais provavelmente milhares, de vezes. Repetidamente. Você percebe que está pensando, opta por não pensar e retorna à respiração enquanto respira uma vez... duas vezes... três vezes, e então se percebe pensando... você opta por não pensar... retorna à respiração. Vezes sem fim.

Ao fazer isso repetidamente, você está aprendendo a reconhecer *que* está pensando *quando* está pensando, e essa não é uma habilidade muito comum. Grande parte do tempo, a maioria das pessoas faz o que precisa fazer sem saber o que está fazendo. De modo geral, a maioria das pessoas pensa sem saber que está pensando. Tudo bem, por via de regra isso funciona, mas às vezes pode causar problemas.

NOSSAS DISPOSIÇÕES DE ÂNIMO E NOSSOS SENTIMENTOS DETURPAM NOSSOS PENSAMENTOS

Avalie agora dois outros breves cenários. Se puder, leia primeiro o Cenário 1 e, em seguida, avalie rapidamente os pensamentos e sentimentos que surgem quando você se imagina em circunstâncias iguais ou semelhantes. Procure não ler o Cenário 2 enquanto não tiver feito isso. Não se trata de um ardil e não há respostas certas ou erradas. Seja apenas o mais sincero e ponderado ao avaliar os dois cenários.

Cenário 1

Você está se sentindo deprimido, porque acaba de discutir com um colega no trabalho. Pouco depois, encontra outro colega no corredor e ele nem sequer fala com você, insinuando que está com muita pressa.

O que você poderia pensar? O que poderia sentir? Avalie isso brevemente antes de prosseguir com a leitura.

Cenário 2

Você está feliz, porque acaba de receber um elogio por um bom trabalho realizado. Pouco depois, encontra um colega no corredor e ele não para a fim de falar com você, dizendo estar com muita pressa.

O que você poderia pensar? O que poderia sentir? Avalie isso brevemente antes de prosseguir com a leitura.

Discussão

Cada pessoa terá a sua própria resposta a esses dois cenários. Quando realizamos esse exercício em nossos cursos públicos, algumas pessoas dizem que reagem exatamente da mesma maneira nos dois cenários. Outras podem dizer algo como:

> No primeiro cenário, eu pensei: "Já sei, ele ouviu falar da discussão e está tomando partido". Eu me senti um pouco deprimido e levemente zangado com ele. No segundo cenário, achei que o colega pudesse estar indo para uma reunião importante e torci para que ele estivesse bem.
>
> No primeiro cenário, não consegui imaginar por que ele estava me menosprezando. Pensei: "Bem, você está por sua própria conta aqui. Ninguém se importa..." e me senti bastante solitário. No segundo, achei que ele poderia estar com inveja, mas achei que isso era aceitável – é assim que as coisas são.

E assim por diante. A maneira como vemos as coisas e o modo como reagimos a elas são moldados pela disposição de ânimo que levamos para a experiência.

Quando a sua disposição de ânimo está negativa, você vê as coisas de uma maneira ("ele está tomando partido"); quando está mais animado, você enxerga as coisas de outra maneira ("ele estava com pressa"). Em ambos os casos, a sua disposição de ânimo molda a maneira como você interpreta o evento. O processo de realizar uma interpretação é completamente natural – é como somos estruturados. Tudo o que sabemos com base nos dois cenários é que um colega passa por você no corredor dizendo que não pode parar, mas é muito raro que uma pessoa aceite esse fato sem fazer *algum* tipo de interpretação e, em geral, as pessoas não sabem *que* estão interpretando *quando* estão interpretando.

O diagrama da página seguinte mostra como experiências como as descritas nos cenários acima costumam se desenrolar.

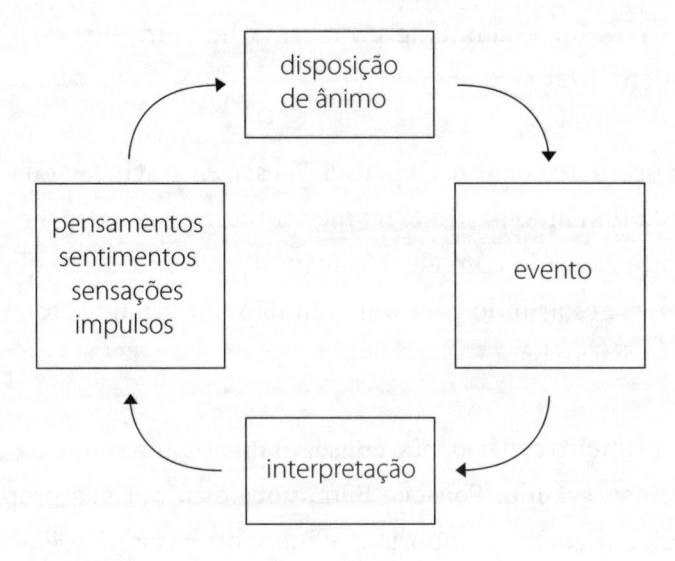

```
            ┌──────────────┐
            │  disposição  │
       ┌───▶│   de ânimo   │───┐
       │    └──────────────┘   │
       │                       ▼
┌──────────────┐        ┌──────────────┐
│ pensamentos  │        │              │
│ sentimentos  │        │    evento    │
│  sensações   │        │              │
│   impulsos   │        └──────────────┘
└──────────────┘               │
       ▲                       │
       │    ┌──────────────┐   │
       └────│ interpretação│◀──┘
            └──────────────┘
```

A disposição de ânimo que levamos a um evento distorce a maneira como o interpretamos, e isso dá origem a vários pensamentos, sentimentos, sensações e impulsos que, por sua vez, deturpam nossa disposição de ânimo. A nossa interpretação dos eventos reflete o que levamos para esses eventos, tanto quanto o que está efetivamente presente, ou às vezes até mais. Sempre vemos o mundo através de uma ou outra lente, o que, por sua vez, molda nossos pensamentos e sentimentos.

Além disso, quando você está em outro estado de espírito, os padrões de pensamento que emergem dele costumam refletir os elementos que moldaram originalmente esse estado de espírito. Quando está se sentindo desesperançado, você tende a ter pensamentos de desesperança; quando está se sentindo bondoso, tende a ter pensamentos benevolentes. Esse processo estabelece uma espécie de predisposição com base na qual os sentimentos moldam os pensamentos e os pensamentos confirmam os sentimentos.

QUADRO 1: A ATENÇÃO PLENA E A PROLIFERAÇÃO MENTAL

"Proliferação mental" traduz um termo usado na tradição psicológica da Antiguidade, o qual se desenvolveu ao lado da atenção plena na Ásia. Ele se refere, entre outras coisas, à tendência da mente de inventar significado e criar cenários elaborados com base em muito pouco.

Talvez você já tenha tido uma experiência semelhante a esta.

Você entra em uma sala, e todos ficam em silêncio. Então você se envolve com longos processos de proliferação mental, desenvolvendo complexos cenários tentando explicar por que isso aconteceu: "Eles não gostam de mim e estavam falando a meu respeito, tudo por causa do que aconteceu ontem quando eu... e depois eu... mas ela nunca deveria ter... então de agora em diante eu simplesmente...", e assim por diante.

Mas talvez tenha sido apenas uma pausa na conversa.

Não raro, essas proliferações são pura ficção. São invenções, um processo de elaboração mental que se origina do incômodo sentimento de não saber o que estava acontecendo quando você entrou na sala. Em resposta a um minúsculo momento de mal-estar, um processo de elaboração entra em ação, do qual apenas uma pequena parte tem alguma relação com a simples realidade do momento presente.

A fim de sair desses processos elaborativos e permanecer na realidade do momento presente, pode ser útil se voltar para o seu senso do corpo, do aqui e do agora. De fato, pode ser desagradável entrar em uma sala na qual todos emudecem. Em que parte do corpo você sente esse incômodo? Ele se desloca e muda com o tempo? Você o sente amplamente no corpo? Ao conseguir se sintonizar com isso, você se estabiliza na realidade do momento presente – a experiência do mal-estar –, sem saltar para abstrações sem base que "explicam" e justificam o mal-estar. É apenas um incômodo – ponto-final.

O treinamento da atenção plena é bastante útil nesse caso. Quando sentimentos desagradáveis surgem ou você se percebe preso a um processo de proliferação mental, caso esteja realizando a sua prática de meditação regularmente você poderá notar estar um pouco mais capaz de exercer uma escolha. Ao reconhecer os pensamentos que está tendo, você poderá optar por prestar atenção a outra coisa. Em vez de alimentar o processo, você poderá, por exemplo, levar a atenção para a respiração por algum tempo e usá-la para fixar a consciência em seu corpo. Isso pode trazê-lo de volta ao momento presente, à realidade do aqui e do agora.

O fato de saber que seus pensamentos são apenas pensamentos e não fatos – mesmo os que dizem que são – pode ser muito liberador.

QUADRO 2: RELACIONAR-SE ATENTAMENTE COM OS PENSAMENTOS

Vimos na Introdução como a MBCT se desenvolveu com base na MBSR, em parte como resultado do que seus fundadores viram ao ler um trecho de *Full Catastrophe Living*, de Jon Kabat-Zinn. Este trecho é particularmente pertinente ao tema desta semana, por isso foi transcrito a seguir:

> É extraordinário sentir como é liberador ser capaz de perceber que os seus pensamentos são apenas pensamentos e que eles não são "você" ou "a realidade". Por exemplo, ao ter o pensamento de que precisa fazer uma série de coisas hoje e não reconhecer que isso é um pensamento, agindo como se fosse "a verdade", você criou uma realidade *neste momento* na qual de fato acredita que todas essas coisas precisam ser realizadas hoje.
>
> Um participante do curso [da MBSR], Peter, que tivera um ataque cardíaco e queria evitar outro compreendeu isso de uma

maneira dramática certa vez em que deu consigo lavando o carro às dez horas da noite, à luz dos refletores, na garagem. Ocorreu-lhe que ele não *precisava* fazer aquilo. Era apenas o resultado inevitável de um dia inteiro tentando encaixar tudo o que ele *acreditava* precisar ser feito. Ao perceber o que estava fazendo consigo mesmo, também viu que tinha sido incapaz de questionar a verdade da sua convicção original de que tudo tinha de ser feito naquele dia, porque ele já tinha se condicionado a acreditar naquilo.

Se você der consigo se comportando de uma maneira semelhante, é provável que também se sinta determinado, tenso e ansioso sem ao menos saber por quê, assim como aconteceu com Peter. Desse modo, se o pensamento de tudo o que você precisa fazer hoje surgir enquanto estiver meditando, você terá de prestar muita atenção a ele *como um pensamento*, caso contrário, antes de se dar conta, talvez você tenha se levantado e começado a fazer as coisas, sem nenhuma consciência de que decidiu parar de meditar apenas porque um pensamento lhe passou pela cabeça.

Por outro lado, quando um pensamento desse tipo aparecer, se for capaz de recuar um pouco e enxergá-lo com clareza, você será capaz de priorizar as coisas e tomar decisões sensatas a respeito do que realmente precisa ser feito. Você saberá quando dar uma coisa por encerrada durante o dia e quando dar uma pausa no trabalho, a fim de poder se restabelecer e trabalhar com mais eficiência.

Desse modo, o simples ato de reconhecer seus pensamentos como *pensamentos* pode liberá-lo da realidade distorcida que eles frequentemente criam e possibilitar mais perspicácia e maior percepção de maneabilidade em sua vida.

Essa liberação com relação à tirania da mente pensante deriva da própria prática de meditação. Quando passamos diariamente algum tempo na não ação, observando o fluxo da respiração e a atividade da mente e do corpo, sem nos envolver com essa atividade, estamos cultivando ao mesmo tempo a calma e a atenção plena. À medida que a mente desenvolve estabilidade e se envolve menos com o conteúdo do pensamento, fortalecemos a capacidade de a mente se concentrar e permanecer calma. Cada vez que reconhecemos um pensamento como um pensamento quando ele surge, registramos seu conteúdo e discernimos a força do seu controle sobre nós, bem como a precisão de seu conteúdo. Abandonando-o e voltando à respiração e à percepção do corpo, estamos fortalecendo o músculo da atenção plena. Com isso, passamos a nos conhecer melhor e a nos aceitar mais, não como gostaríamos de ser, mas como de fato somos. Essa é uma expressão da nossa sabedoria e da compaixão inatas.

QUADRO 3: PARÁBOLA: O LADRÃO DE BISCOITOS

A escritora Valerie Cox descreve uma mulher que estava, certa noite, em um aeroporto. Tendo em vista que precisaria aguardar várias horas para o seu voo, ela comprou um livro e um pacote de biscoitos e se acomodou em um lugar para ler e comer.

Profundamente absorta no livro, ela de repente se deu conta de que o homem sentado ao seu lado estava pegando biscoitos do pacote no banco entre eles. Como não queria fazer uma cena, ela tentou não dar atenção a ele. Mas ele não se contentou com apenas um ou dois biscoitos e continuou a comê-los sem parar. Ela leu, comeu, e o homem continuava a comer. Ela tentou não dar atenção à situação, mas constatou que estava ficando cada vez mais zangada.

Até que restou apenas um biscoito no pacote. O homem pegou esse último biscoito, partiu-o ao meio e, sorrindo, ofereceu a ela uma metade, enquanto comia a outra. Ela pegou o biscoito com relutância, pensando, zangada, em como aquele homem era mal-educado.

Ela estava prestes a dizer alguma coisa, mas começou a chamada para o seu voo. Ao reunir seus pertences, ela se encaminhou para o portão de embarque, recusando-se a se virar e olhar o "ladrão de biscoitos". Furiosa, embarcou e continuou a ler.

Na metade do voo, foi pegar algo na bolsa e encontrou um pacote fechado de biscoitos dentro dela.

"Se estes são meus", ela percebeu, "então os biscoitos que estávamos comendo eram dele! E ele tentou compartilhá-los comigo...". Completamente chocada e desconcertada, compreendeu que havia sido não apenas a pessoa mal-educada, como também a ladra.

TRABALHAR COM OS PENSAMENTOS NA MEDITAÇÃO

A esta altura, espero que você já tenha percebido que a mente contém mais coisas do que o pensamento. Talvez você lide com as sensações ou com os sentimentos sem de fato pensar neles. Você apenas os vivencia. Além disso, às vezes, mesmo que apenas por alguns segundos, a mente pode se acalmar a ponto de você não ter consciência de nenhum pensamento.

Mas esse não é o nosso modo de experiência habitual. Na maior parte do tempo passamos a vida envolvidos com a parte pensante da mente, e esse hábito é tão profundo que, embora a meditação não requeira o pensamento discursivo, ele com frequência aparece e domina a nossa mente.

O professor de meditação Joseph Goldstein usa a analogia de um trem para descrever esse processo. Às vezes você embarca em um trem, sem saber que embarcou e sem conhecer o provável destino. Depois, mais adiante na viagem, você acorda e compreende que estava pensando e foi sequestrado. Então, talvez você constate que desceu do trem em um ambiente mental muito diferente daquele no qual embarcou.

Mas meditação não é pensamento e, por meio de um processo de tranquila observação, podem surgir novos tipos de entendimento, enquanto você medita. Você não precisa combater, reprimir ou julgar os pensamentos. Você pode apenas escolher não seguir os pensamentos quando se conscientizar de que eles surgiram.

Passe agora alguns momentos examinando os pensamentos que surgem e passam por sua mente. Você pode imaginar que está sentado no cinema olhando para uma tela vazia, apenas esperando que os pensamentos surjam.

É provável que eles surjam bem rapidamente. Mas o que, de fato, são eles? O que acontece a eles? De onde eles vêm? Para onde vão? Eles são como exibições mágicas que parecem reais quando nos perdemos nelas, mas desaparecem quando as examinamos mais de perto.

No entanto, esses fenômenos efêmeros podem ser muito poderosos. "Faça isso, diga aquilo, lembre-se, planeje, preocupe-se, julgue." Seus pensamentos têm o potencial de levá-lo à loucura.

O tipo de pensamento que você tem e a maneira como eles podem afetar a sua vida dependem, em parte, de como você interpreta as coisas. Quando você pode ver os pensamentos surgirem e irem embora, apenas observando o processo, não importa que pensamentos aparecem em sua mente. Você pode passar a enxergar seus pensamentos como o espetáculo efêmero que eles realmente são.

Desse modo, ao se conscientizar de que pensamentos surgiram na sua meditação, faça o possível para não julgá-los e não reagir a eles. Apenas repare que eles existem e deixe de se importar com eles, repetidas vezes. E se a sua atenção divagar centenas de vezes, deixe de se importar com eles centenas de vezes. Ocasionalmente, poderá haver bem poucos pensamentos, outras vezes eles darão a impressão de serem um turbilhão torvelinhante. O importante é apenas enxergar o que está de fato acontecendo. Eles são apenas pensamentos.

> **QUADRO 4:** ENTÃO POR QUE AS ZEBRAS *NÃO* TÊM ÚLCERAS?
>
> Em 1994, Robert Sapolsky, biólogo da Universidade de Stanford, publicou um livro chamado *Why Zebras Don't Get Ulcers*, uma investigação de como os estressores são vivenciados de uma maneira diferente pelos seres humanos e pelos animais na natureza. Sapolsky escreveu esse livro antes de ser de conhecimento geral que as úlceras pépticas não são causadas pelo estresse ou pelo consumo de café ou alimentos condimentados, como se imaginava anteriormente. Na verdade, cerca de 60 por cento delas são causadas por uma infecção bacteriana que pode ser curada com relativa facilidade.
>
> Ainda assim, a pergunta de Sapolsky é excelente: por que as zebras e outros animais não ficam estressados como nós ficamos? Vamos verificar essa pergunta com base na perspectiva da atenção plena.
>
> Imagine que exista uma manada de zebras pastando em algum lugar nas grandes planícies da África do Sul e um bando de leões aparece e começa a espreitá-las. Tão logo percebem a presença dos leões, as zebras são fortemente ativadas. Alguns dos processos neurobiológicos que compartilhamos com elas são estimulados na presença do perigo. A frequência cardíaca das zebras sobe vertiginosamente, e elas começam a correr.
>
> Ouvi dizer, embora não tenha conseguido verificar, que nessas ocasiões as zebras também podem empregar técnicas de fuga hostis: elas podem tentar derrubar umas às outras ou morder a cauda de uma zebra mais rápida a fim de fazer com que ela corra mais devagar.

"É melhor que a leoa consiga alcançá-la, e não a mim!" Independentemente de qual seja a verdade, elas estão totalmente concentradas em escapar do perigo.

Mais cedo ou mais tarde os leões derrubarão uma zebra, a matarão e começarão a devorá-la; nesse momento, todas as zebras sobreviventes se acalmarão. A ameaça passou. Os leões só matam para comer, então, se mataram e estão comendo, deixam de ser uma ameaça ativa. As zebras podem voltar a fazer o que mais desejam, ou seja, comer relva.

No entanto, conosco não é assim. Em parte, isso se deve ao fato de que, ao contrário das zebras, somos dotados de um neocórtex maravilhosamente desenvolvido, que nos permite imaginar e fazer abstrações. Um lamentável subproduto desse maravilhoso dom é que somos capazes de imaginar e ter pensamentos abstratos a respeito de perigo, ameaças e outros estressores muito tempo depois de eles terem deixado de existir.

Se a zebra fosse parecida conosco, eis o que ela poderia pensar: "Ufa. Legal. Consegui me safar. Isso é ótimo... Mas coitado do pobre Stripey, os leões o estão comendo. Oh, meu deus, eles o estão comendo! Isso é horrível. Eu não o conhecia tão bem assim, mas não se pode conhecer todo mundo na manada. Ele parecia bem legal. Legal mesmo. E o estão comendo! Talvez eu não devesse ter dado uma rasteira nele... Mas se eu não tivesse feito isso, teria sido eu! Ele teria me dado uma rasteira, eu sei que teria... Então, o que faço agora? Não posso ficar aqui; há leões por perto! Sei que dizem que os leões não são perigosos quando estão comendo, mas... eles são leões! Oh, céus... eu adoro a relva dessa região. Ela é tão suculenta. Mas não posso ficar por causa dos leões! E se não posso comer aqui, onde poderei comer? A relva em outras partes da planície não é tão saborosa quanto essa... Mas não, não posso ficar, não posso me esquecer dos leões. E, afinal de contas, poderia ter sido eu. Eu poderia estar caído ali, como Stripey. Oh, meu deus – poderia ter sido eu! Não posso ficar aqui... Mas se não posso ficar aqui, para onde posso ir? Os leões podem estar em qualquer lugar. Oh, não...". E assim por diante.

A nossa capacidade de imaginar e ter pensamentos abstratos nos permite manter e perseguir padrões de pensamento nada criativos como esses bem depois de o estressor que lhes deu origem deixar de existir. Além disso, o nosso sistema biológico responde a esses pensamentos e a essas fantasias mais ou menos da mesma maneira como responderia a qualquer outro estressor. Pensar dessa maneira mantém ativado o nosso sistema de "lutar, fugir, paralisar". As zebras se acalmam quando a ameaça ativa deixa de existir; os seres humanos podem manter os pensamentos imaginativamente presentes por um tempo muito mais longo.

Com um pouco de prática de atenção plena, torna-se mais fácil reconhecer esse modo de pensar pouco criativo pelo que ele é. Trata-se apenas de pensamentos, sentimentos, produtos da nossa imaginação.

TRÊS ESTRATÉGIAS PARA LIDAR COM A AFLIÇÃO

Imagine que um colega de trabalho lhe telefone às nove e meia da noite, invadindo o seu tempo pessoal de descanso. Ele quer falar sobre alguns números nos quais vocês dois vêm trabalhando. O tom dele parece acusatório, intimidante. Não se entra em contato com colegas de trabalho depois das sete da noite, mas ele não para de fazer isso! Zangado por ter tido sua vida pessoal invadida dessa maneira, depois do telefonema você fica perturbado e irritado, pensando sem parar no telefonema e no colega que invadiu a sua privacidade.

Os participantes de programas baseados na atenção plena costumam relatar uma redução da aflição que se segue a eventos desse tipo. Eles descrevem ter notado que, em decorrência da prática da atenção plena, um telefonema "difícil", que anteriormente poderia tê-los aborrecido por horas, agora apenas os deixa perturbados e pensando nessa experiência apenas por alguns minutos, ou até mesmo segundos.

Como isso acontece? É possível que, conscientemente ou não, eles tenham implementado uma ou outra de três estratégias para lidar com a aflição.

A primeira, e mais simples, estratégia para alterar as condições que sustentam ou criam o sofrimento é modificar o *conteúdo* que a mente está processando. Você pode fazer isso redirecionando de modo intencional o foco da atenção para aspectos da experiência que têm menos probabilidade de contribuir para o surgimento e a continuação de configurações que criam o sofrimento. Desse modo, no caso do telefonema, você pode focalizar e sustentar a atenção nas sensações corporais, enquanto o ar entra em seu corpo e sai dele durante a respiração. Esse foco relativamente neutro fornecerá menos "combustível" para sustentar a aflição do que os pensamentos carregados de emoções relacionados ao telefonema.

Uma segunda estratégia é deixar o "input" da mente inalterado, mas modificar a configuração dos processos, ou "forma" da mente, por meio dos quais esse material é processado. A primeira estratégia muda *o que* é processado; a segunda estratégia muda *a maneira como* os pensamentos e sentimentos são processados. Isso poderia significar, por exemplo, intencionalmente aceitar e prestar atenção aos sentimentos desagradáveis criados pelo telefonema perturbador com interesse e curiosidade, como objetos de experiência, em vez de ficar "perdido" *dentro* deles na reação automática de aversão.

A terceira estratégia envolve modificar a sua *opinião* sobre o material que está sendo processado. No caso do telefonema perturbador, isso poderia implicar uma mudança de percepção. "Essa pessoa me magoou ao falar daquele jeito" para a percepção de "Pensamentos desagradáveis, sentimentos e sensações corporais estão aqui neste momento". Com essa estratégia, você se lembra de que os pensamentos e sentimentos são apenas pensamentos e sentimentos. Eles vêm e vão embora. Você os presencia sem se enredar neles.

Cada uma dessas três estratégias pede que você seja atento e consciente. Se quiser fazer mudanças intencionais no conteúdo que está sendo processado, na maneira como ele é processado ou na sua opinião a respeito dele, você precisa saber o que está acontecendo no momento. A prática da atenção plena cultiva a metaconsciência, capacidade de conhecer a sua experiência, direta e intuitivamente, quando ela surge a cada momento.

> **QUADRO 5:** PADRÕES INEFICAZES DE PENSAMENTO
>
> Na primeira semana, vimos que uma série de rotinas mentais automáticas podem ser disparadas sem estarmos conscientes delas, e algumas podem ser bastante ineficazes. Elas estão mais propensas a ocorrer quando você está estressado ou ansioso, com uma disposição de ânimo abatida ou sentindo dor. Ao se conscientizar delas e reconhecê-las pelo que são, você pode constatar que tem mais liberdade, que pode deixar de se identificar com elas ou acreditar piamente nelas. Você pode descobrir ser capaz de encará-las como "apenas pensamentos".
>
> Reflita sobre a lista que se segue. Talvez você queira adicionar alguns itens a ela:
>
> - **Ler a mente**: "Ele acha que sou tolo/chato/sem atrativos".
> - **Consultar a bola de cristal**: "Não vou gostar disso".
> - **Superestimar o negativo**: "Isso vai ser um desastre total".
> - **Eternizar**: "Nunca vou conseguir controlar isso"; "Sempre me sentirei assim".
> - **Esperar a perfeição**: "Eu/as pessoas nunca deveria/deveriam cometer erros."
> - **Generalizar de forma exagerada**: "Isto é difícil – tudo requer um enorme esforço".

- **Criticismo**: "Não fui capaz de fazer aquilo – simplesmente, não sou bom o bastante".
- **Arcar com a culpa**: "Quando as coisas saem errado, a culpa é sempre minha."
- **Culpar os outros**: "Quando as coisas saem errado, a culpa é sempre de outras pessoas".

QUADRO 6: USAR O ESPAÇO DA RESPIRAÇÃO PARA TRABALHAR COM OS PENSAMENTOS

No final do espaço da respiração, se ainda estiver perturbado por pensamentos difíceis, eis algumas coisas que você pode fazer:

- Observe-os vir e ir embora sem sentir que precisa segui-los.
- Encare seus pensamentos como eventos mentais, não como fatos. Pode ser que determinado evento muitas vezes ocorra acompanhado de outros sentimentos, e talvez seja tentador pensar nele como verdadeiro. Mas ainda cabe a você decidir se ele é verdadeiro e como você deseja lidar com ele.
- Anote seus pensamentos. Você poderá vê-los de uma maneira menos emocional e opressiva. A pausa entre o instante no qual você tem o pensamento e aquele em que você o anota pode lhe proporcionar um momento de reflexão sobre o significado dele.
- No caso de pensamentos particularmente difíceis, talvez seja proveitoso voltar a eles mais tarde, em um estado de espírito aberto e equilibrado, como parte da sua prática de meditação – deixe que a parte mais sábia de sua mente ofereça a perspectiva dela.

QUADRO 7: CORRENTE 1
PRÁTICA EM CASA PARA A SEXTA SEMANA

1. Faça 40 minutos de meditação por dia, usando a faixa ⬇14 (⏱40 min.). Se desejar, experimente algumas sessões de meditação sem a orientação do áudio.

2. Pratique o espaço da respiração de três passos pelo menos três vezes por dia, seja quando pensar nele ou associando-o a três atividades que você realize regularmente ou a lugares aonde vá todos os dias (talvez ao acordar e/ou ir para a cama, antes de um programa de televisão ao qual você tenha o hábito de assistir, antes de uma refeição específica, na primeira vez em que entrar em seu carro, no trem ou no ônibus, quando chegar à sua mesa de trabalho ou outro tipo de equipamento).
3. Observe como você está se relacionando diariamente com seus pensamentos, bem como com a prática de meditação.

QUADRO 8: CORRENTE 2
PRÁTICA EM CASA PARA A SEXTA SEMANA

1. Faça 20 minutos de meditação por dia, usando a faixa ⊙16 (⊙20 min.). Se desejar, experimente algumas sessões de meditação sem a orientação do áudio.
2. Pratique o espaço da respiração de três passos pelo menos três vezes por dia, seja quando pensar nele ou associando-o a três atividades que você realize regularmente ou a lugares aonde vá todos os dias (talvez ao acordar e/ou ir para a cama, antes de um programa de televisão ao qual você tenha o hábito de assistir, antes de uma refeição específica, na primeira vez em que entrar em seu carro, no trem ou no ônibus, quando chegar à sua mesa de trabalho ou outro tipo de equipamento).
3. Observe como você está se relacionando diariamente com seus pensamentos, bem como com a prática de meditação.

SÉTIMA

SEMANA

CUIDAR BEM DE SI MESMO

A esta altura, espero que já tenha percebido que há uma série de coisas que você pode fazer ativamente, no intuito de se manter em melhor forma no seu dia a dia. Talvez tenha observado como, ao ser um pouco mais atento a cada momento, você pode tomar decisões mais inteligentes sobre o que de fato precisa em cada momento, decisões influenciadas por uma noção mais clara de seus pensamentos, sentimentos, sensações corporais e impulsos de momento a momento.

Ao prestar atenção à sua experiência em transformação de modo pleno, você está em melhor posição para regular seu modo mental e também cuidar melhor do seu corpo. Por exemplo, uma das maneiras mais simples de cuidar do bem-estar físico e mental é se exercitar com regularidade: uma caminhada enérgica, nadar, fazer *jogging*, ir à academia, praticar yoga, Pilates, *t'ai chi* ou alongamento consciente.

Você se lembra do funil de esgotamento examinado na quarta semana (*consulte a página 167*)? Vimos como, quando nos sentimos realmente oprimidos nos momentos de estresse ou outra dificuldade, também ficamos propensos a desistir das coisas presentes do lado esquerdo do funil, as quais, na verdade, tornam a nossa vida sustentável. À medida que essas coisas desaparecem, podemos nos aproximar cada vez mais do esgotamento, de um estilo de vida estressado, que não pode ser mantido. Às vezes, talvez com frequência, simplesmente não cuidamos bem de nós mesmos. Às vezes, talvez com frequência, podemos chegar a ser um pouco indelicados com nós mesmos.

Mas as coisas não precisam ser dessa maneira. Neste estágio do curso, espero que você tenha começado a ter uma noção mais profunda do aspecto imparcial da atenção plena. Lembre-se das conotações da palavra "crítico" apresentadas na Introdução. Ao ser crítico, você pode ser excessivamente crítico, condenatório, negativo, reprovador, depreciativo ou pejorativo. Não raro, somos nós mesmos a pessoa que mais criticamos.

Tornar-se mais atento não significa apenas que você para de julgar a si mesmo de maneira tão rude e deixa que as coisas sejam como são. Quando você é atento, esse criticismo não é substituído por um estado frio e neutro, mas por algo mais cordial e gentil. Nas palavras de Christina Feldman, professora de atenção plena:

> A qualidade da atenção plena não é uma presença neutra ou vazia. A verdadeira atenção plena está impregnada de calor, compaixão e interesse. À luz dessa atenção interessada, descobrimos que é impossível odiar ou temer qualquer coisa (...) que verdadeiramente compreendemos. A natureza da atenção plena é o envolvimento; onde há interesse, segue-se uma atenção natural e espontânea.

À medida que você se tornar mais atento, poderá perceber que é possível deixar sua experiência ser como ela é, sem precisar fazer um comentário autocrítico sobre ela. E mais do que isso: talvez você comece a permitir que um solilóquio encorajador seja ativado de vez em quando, substituindo a autocrítica punitiva por um incentivo proveitoso e amável: "Vamos lá, você consegue fazer isso, você tem essa capacidade. Pense em como será incrível quando você tiver terminado!".

Costumamos ser compreensivos com a condição humana das outras pessoas, mas esperamos algum tipo de capacidade sobre-humana de nós mesmos. No entanto, estamos todos no mesmo barco, somos todos seres humanos frágeis com as nossas necessidades e as nossas dores, as nossas tristezas e as nossas alegrias. Também temos permissão para ser humanos.

Às vezes, a vida é gentil conosco; outras vezes, ela é dura. Com a prática da atenção plena, você pode aprender a desfrutar as coisas boas e também a aceitar as desafiadoras, permanecendo com elas – consciente e atento –, deixando que o que está aqui seja o que está aqui, ao mesmo tempo que também nos movemos com atenção, fazendo escolhas mais habilidosas e avançando em direção a resultados mais desejáveis.

> **QUADRO 1:** E SE NÃO HOUVER NECESSIDADE DE MUDAR?
>
> E se não houver necessidade de mudar? Necessidade de tentar se transformar em alguém mais compassivo, mais presente, mais amoroso e mais sábio?
>
> Como isso afetaria todos os lugares em sua vida nos quais você está eternamente tentando ser melhor?
>
> E se a tarefa for apenas se desenvolver,
> Se tornar quem você já é em sua natureza essencial: delicado, compassivo e capaz de viver de maneira plena e total e intensamente presente?
>
> E se a pergunta não for
> "Por que sou tão raramente a pessoa que de fato desejo ser?"
> E sim "Por que sou tão raramente a pessoa que de fato sou?"
> Como isso mudaria o que você acha que precisa aprender?
>
> E se nos tornarmos quem e o que realmente somos não acontecer por meio do esforço e da tentativa

E sim ao reconhecermos e recebermos as pessoas, os lugares e as práticas

Que são para nós o calor do incentivo que precisamos para desenvolver-nos?

Como isso moldaria as escolhas que você faz a respeito de como passar o dia de hoje?

E se você souber que o impulso de se mover de uma maneira que cria beleza no mundo
Surgirá das profundezas
E o guiará todas as vezes que você simplesmente prestar atenção
E esperar?

Como isso moldaria a sua quietude, o seu movimento,
A sua disposição de seguir esse impulso
De apenas se entregar
E dançar?

USAR O ESPAÇO DA RESPIRAÇÃO E ESCOLHER UMA PRÁTICA DE AÇÃO

Uma das práticas mais importantes deste curso é o espaço da respiração de três passos. Quando os desafios surgem, o espaço da respiração pode fazer uma verdadeira diferença. No entanto, por si só, nem sempre ele será suficiente para ajudá-lo a lidar com um conjunto desafiador de circunstâncias. Não é raro você precisar realizar mais coisas. Haverá ocasiões em que, depois de fazer o espaço da respiração no intuito de lidar melhor com um desafio, você poderá sentir que é apropriado tomar medidas ponderadas para ser mais capaz de cuidar melhor de si mesmo nessa situação.

Nesses momentos, depois do espaço da respiração, você pode realizar uma pausa antes de voltar a se envolver com as suas tarefas habituais e perguntar a si mesmo: "O que mais preciso neste momento? Qual a melhor maneira de cuidar de mim mesmo?".

Eis algumas atividades que podem ser particularmente proveitosas nessas ocasiões:

1. Faça alguma coisa prazerosa.
2. Realize algo que lhe proporcione um sentimento de satisfação, realização ou controle.
3. Aja atentamente.

Faça alguma coisa prazerosa

Seja gentil com seu corpo

- Tome um agradável banho de banheira.
- Tire um cochilo.
- Coma um dos seus pratos prediletos e não se sinta culpado.
- Tome a sua bebida quente favorita.

Dedique-se a atividades agradáveis

- Saia para dar uma volta – sozinho ou talvez com um cachorro ou um amigo.
- Visite um amigo.
- Dedique algum tempo ao seu *hobby* predileto.
- Cuide do jardim.
- Faça um pouco de exercício, mesmo que por apenas 10 minutos.
- Telefone a um amigo.
- Passe algum tempo com alguém de quem você goste.
- Prepare uma refeição.
- Saia para fazer compras

- Assista a algo engraçado, envolvente ou edificante na televisão.
- Leia algo que lhe dê prazer.
- Ouça uma música que o faça se sentir bem.

Conscientize-se de qualquer pensamento do tipo "desmancha-prazeres" que possa surgir, a sombria voz interior a dizer que você não irá apreciar uma atividade prazerosa, que você não a merece ou que deveria estar se distraindo mais. Talvez você possa encarar esses pensamentos de um jeito irônico: "Claro, lá vou eu de novo atrapalhar a minha vida. Mas eu não preciso fazer isso, posso deixar que tudo apenas seja como é".

Realize algo que lhe proporcione um sentimento de satisfação, realização ou controle

- Execute alguma tarefa doméstica.
- Arrume um armário da cozinha ou uma gaveta.
- Ponha alguns *e-mails* em dia.
- Realize algum trabalho de rotina.
- Pague uma conta.
- Faça algo que você vem adiando.
- Exercite-se um pouco.

Tenha consciência de padrões excessivamente elevados e de pensamentos do tipo "deveria ser diferente". Pensamentos assim podem impedir que você sinta que realizou algo que valha a pena. Fique atento a pensamentos como "eu deveria estar fazendo isto melhor/mais depressa/com mais facilidade". Reconheça-os pelo que são e deixe que sejam como são.

Quando enfrentar tempos difíceis, pode ser proveitoso desmembrar suas tarefas em etapas menores e lidar com elas gradualmente.

Aja atentamente

Ao se ver diante de dificuldades ou se sentir estressada, sua mente tende naturalmente a ser tomada por preocupações. Você pode, repetidas vezes, repassar coisas que aconteceram no passado, tentando entender por que está se sentindo assim ou matutar ansiosamente sobre o futuro. O resultado final é que a sua atenção não se encontra no que você está fazendo. Você se perde em seus pensamentos, em vez de se concentrar no que está acontecendo aqui e agora, e atividades que poderiam ser revigorantes podem se tornar desgastantes.

Desse modo, ao notar que sua mente foi sequestrada por pensamentos ou sentimentos que o afastam do presente, veja como é concentrar de modo intencional toda a atenção no que você está fazendo neste momento. Mantenha a atenção em cada momento que passa. Permaneça consciente de sua respiração enquanto realiza suas atividades; conscientize-se do contato dos pés com o chão enquanto caminha; repare em detalhes como a sensação dos seus dedos ao acender a luz, a cor do céu e das nuvens nesse momento... Permaneça presente.

Quanto mais poderosos os pensamentos e sentimentos com que você estiver lidando, mais difícil isso poderá ser. No entanto, com a prática, você descobrirá que a sua capacidade de estar mais plenamente presente em cada momento aumentará.

Tenha a mente aberta. Independentemente do que você escolher, considere tudo como um experimento. Não julgue com antecedência o que você vai sentir depois. Na medida do possível, mantenha a mente aberta a respeito da possível utilidade de fazer isso.

Pense em diferentes maneiras de cuidar de si mesmo e não se limite a algumas favoritas. Não raro tentar novos comportamentos pode ser, por si só, interessante. Mas não espere milagres. Colocar uma pressão adicional em si mesmo ao esperar que uma única atividade altere por completo as coisas pode ser irrealista.

Ao estar sob pressão, você fica mais propenso a retomar antigos hábitos mentais. Quanto mais atento estiver, a si mesmo e ao mundo à sua volta, mais sábias serão as suas escolhas e as suas ações.

> **QUADRO 2:** O ESTRESSE – E SEU EFEITO SOBRE A BONDADE E A COMPAIXÃO
>
> Em 1970, dois psicólogos conduziram um experimento sagazmente concebido, inspirado na parábola do Bom Samaritano.
>
> Na parábola bíblica, ladrões espancam e roubam um homem, deixando-o nu e semimorto à beira da estrada. Um sacerdote passa por ali e atravessa a estrada, em vez de ajudar o viajante ferido. Um funcionário religioso age da mesma forma. Então surge um samaritano, que pertencia a uma população cujos membros eram considerados, na época, párias religiosos. Ele aplica um bálsamo e ataduras nos ferimentos do homem, coloca-o em um burro, leva-o para uma estalagem, cuida dele a noite inteira e deixa dinheiro na manhã seguinte para que o viajante continue a receber cuidados.
>
> De acordo com especulações de psicólogos, a parábola insinua que pessoas com pensamentos religiosos e éticos, diante de uma situação que demanda ajuda, não estariam mais propensas a oferecer ajuda do que pessoas que estão pensando em outra coisa. Especulou-se, ainda, que os que se veem diante de uma situação que demanda ajuda quando estão com pressa ficam menos propensos a oferecer auxílio do que quem não está com tanta pressa.
>
> No intuito de testar essas hipóteses, os psicólogos reuniram uma amostra de 40 alunos do Seminário Teológico de Princeton. Metade dos alunos recebeu uma cópia da parábola do Bom Samaritano e foi informada de que deveriam proferir um sermão sobre o assunto dali a poucos minutos. Os alunos da outra metade foram informados de que

iriam falar, de improviso, sobre as perspectivas de emprego para seminaristas. Então todos os voluntários foram informados de que precisariam ir a um departamento em outro prédio para apresentar suas palestras. Foi dito a alguns que eles deveriam se apressar, porque havia pessoas esperando por eles. Outros foram levados a acreditar que tinham um pouco mais de tempo para se apresentar no local do teste.

Os pesquisadores organizaram as coisas de maneira que, a caminho do local do teste, todos os alunos passassem por um homem malvestido, curvado na entrada de uma porta, cabisbaixo, de olhos fechados e imóvel. A figura era deliberadamente ambígua: o homem poderia estar precisando de ajuda ou poderia estar embriagado e ser possivelmente perigoso – um cenário bem parecido com o da parábola. Quando os voluntários passavam, o homem tossia duas vezes e gemia.

Os resultados desse experimento corresponderam exatamente à hipótese dos psicólogos: 60 por cento dos seminaristas passaram direto pelo homem sem oferecer ajuda. Os seminaristas que estavam pensando a respeito da parábola não se mostraram mais propensos a parar do que os que haviam recebido um tema menos elevado e, em várias ocasiões, algum seminarista que estava indo palestrar sobre o Bom Samaritano literalmente passou por cima do homem. Somente 10 por cento daqueles que haviam sido informados de que deveriam chegar rápido ao local do teste ofereceram ajuda, ao passo que 63 por cento dos que pensavam dispor de alguns minutos adicionais se ofereceram para ajudar.

Em um exame adicional, os psicólogos não encontraram características de personalidade em nenhum dos seminaristas que os teriam levado a predizer se eles iriam ou não oferecer ajuda. O único fator que parecia determinar o provável resultado era o quanto eles estavam apressados.

Quando estamos estressados e com pressa, ficamos menos propensos a ajudar os outros.

QUADRO 3: A ATENÇÃO PLENA E A COMPAIXÃO

Outra pesquisa, realizada mais recentemente, examinou os efeitos do treinamento da meditação sobre a probabilidade de as pessoas ajudarem os outros. Os voluntários dessa pesquisa fizeram um treinamento de meditação de oito semanas. Metade deles fez um curso de MBSR, e a outra metade recebeu um treinamento de meditação. Um grupo de controle com pessoas também interessadas em aprender meditação recebeu os treinamentos depois que o estudo foi concluído.

No final dos cursos, os participantes realizaram vários testes cognitivos, acreditando que o experimento mediria o efeito da meditação em coisas como a atenção e a memória. No entanto, o verdadeiro objetivo do estudo era entender quaisquer mudanças que pudessem ter ocorrido no grau do comportamento de ajuda compassiva deles.

Quando um participante se apresentava para fazer o teste cognitivo no final do estudo, ele era encaminhado a uma sala de espera, na qual havia três cadeiras, duas das quais estavam ocupadas. O que eles não sabiam era que as outras duas pessoas na sala não eram espectadores, e sim "cúmplices" que faziam parte do grupo que conduzia a pesquisa.

O participante se sentava na terceira cadeira e ficava esperando. Passado um minuto, um terceiro "cúmplice", uma mulher, entrava na sala com muletas e uma bota ortopédica. Com uma expressão de dor ao caminhar, ela parava perto das cadeiras, olhava para o celular, suspirava audivelmente e se apoiava em uma parede. Os outros dois "cúmplices" ficavam sentados e continuavam a esperar. A cena permanecia dessa maneira por mais dois minutos.

O participante se sentiria levado a responder compassivamente, cedendo a sua cadeira para a mulher de muletas?

Ao que se revelou, uma clara diferença foi identificada no comportamento dos participantes do estudo. Os que haviam recebido treinamento de meditação, em compaixão ou em atenção plena, mostraram-se cinco vezes mais propensos a ceder o assento à mulher de muletas do que os que não haviam praticado a meditação.

Esse é um efeito considerável. Parece que oito semanas de treinamento de MBSR podem ocasionar um aumento significativo nos níveis de cuidado e preocupação com os outros.

QUADRO 4: OS INDICADORES DO ESTRESSE E AS ESTRATÉGIAS DE AÇÃO

É fácil ficar estressado sem se dar inteiramente conta disso. Às vezes, quando estamos estressados, temos pensamentos como "Oh, minha vida é mesmo uma droga", mas quem está falando é o estado estressado. Não se trata de uma descrição exata da sua vida como um todo. É como as coisas parecem com base na perspectiva estressada.

Uma vez que você entenda isso, poderá perceber como poderia ser útil reconhecer o estresse *como* estresse, porque fica fácil enxergar nesses momentos o seguinte: "Oh, claro, é o estresse – não é toda minha vida; sou eu estressado". Além disso, por mais difícil que possa ser se sentir estressado, quando você sabe que, em certo sentido, é *apenas estresse*, há coisas que você pode fazer a respeito disso.

Parte da sua prática em casa nesta semana será pensar um pouco a esse respeito. Quando está estressado, como você *sabe* que está estressado? Quais são os seus indicadores particulares do estresse?

1. Anote seus principais indicadores pessoais de estresse. Eis alguns possíveis exemplos:
   - acumular um excesso de tarefas simultâneas

- sensação permanente de compulsão
- dor de cabeça
- irritabilidade
- dormir muito tarde
- poucas horas de sono
- procrastinação
- maxilar contraído
- estômago revirado

E assim por diante.

Passe alguns momentos escrevendo os seus. Depois, quando estes surgirem, você ficará mais propenso a saber *que* está estressado *quando* estiver estressado, e isso talvez possibilite que você tome algumas medidas no intuito de reduzir seus níveis de estresse.

No entanto, repare que, quando está estressado, você não para de fazer as coisas. Você continua a agir. Parte do que você faz pode ajudar a aliviar seu estresse e parte serve apenas para continuar a deixá-lo estressado. Em outras palavras, algumas das ações ou estratégias a que você recorre nos momentos de estresse são proveitosas e outras são ineficazes. Se conseguir entender isso com clareza, terá uma chance maior de fazer uma escolha sábia ao notar que está estressado. É claro que a mesma atividade poderá ser útil ou ineficaz, dependendo se ela é motivada pela intenção de "se aproximar" ou de "evitar". Mas você saberá a diferença em função da maneira como ela faz você se sentir.

Relacione a seguir as ações ou estratégias ineficazes ou proveitosas que você tende a implementar.

2. Relacione as estratégias ineficazes que você tende a implementar. Eis alguns exemplos possíveis:
    - comer demais
    - comer pouco

- automedicar-se com café, álcool ou analgésicos
- solilóquio ineficaz
- evitar
- pressionar mais
- assistir de maneira automática à televisão
- comer chocolate em excesso

E assim por diante.

Passe alguns momentos escrevendo as suas. Mais tarde, ao notar que está estressado, você talvez tenda menos a retroceder a alguma dessas estratégias. Afinal de contas, você sabe que elas são ineficazes.

3. Relacione as estratégias proveitosas que você sabe, com base na experiência, que podem ser mais eficazes. Eis alguns exemplos possíveis:
    - ouvir a sua música edificante ou reconfortante predileta
    - praticar algum exercício físico
    - sair de casa
    - desligar a televisão ou escolher precisamente o que vai assistir
    - conversar com um amigo
    - tomar um agradável banho quente de banheira
    - arrumar a casa
    - comer um pouco de chocolate

E assim por diante.

Passe alguns momentos redigindo as suas. Depois, quando notar que está estressado, faça um espaço da respiração de três passos; você pode também, se quiser, implementar algumas das estratégias que descreveu. Sair de casa por uns 2 minutos ou dar um breve passeio pode de fato fazer diferença.

QUADRO 5: ATIVIDADES REVIGORANTES E ATIVIDADES DESGASTANTES

O que você faz com o seu tempo de momento a momento, de hora em hora, de um ano para o outro afeta profundamente o seu bem-estar geral e a sua capacidade de responder com destreza aos desafios da vida.

Tente escrever uma lista de todas as coisas que você faz em um dia típico. Por exemplo:

- acordar
- tomar a primeira xícara de chá
- acordar as crianças
- preparar a merendeira deles
- tomar café
- mandar as crianças para a escola
- caminhar até o ponto de ônibus

E assim por diante.

Depois, procurando ser o mais franco possível, pergunte a si mesmo: "Quais dessas coisas que eu faço, como e bebo de fato me revigoram? Quais me energizam e fazem com que eu me sinta calmo e centrado? Quais aumentam a minha sensação de estar vivo e presente, em vez de estar apenas existindo?". Coloque um sinal de mais (+) ao lado delas.

Em seguida pergunte: "Quais dessas coisas que eu faço, como e bebo efetivamente me desgastam? Quais me desgastam, esgotam minha energia e fazem com que eu me sinta tenso e fragmentado? Quais diminuem a minha sensação de estar vivo e presente? Quais me fazem sentir que estou apenas existindo?" Coloque um sinal de menos (–) ao lado delas.

Em seguida considere as coisas que são neutras, ou seja, elas não o revigoram, tampouco o desgastam. Você apenas as executa como parte da sua rotina. Coloque uma barra (/) ao lado delas.

Agora, aceitando que há alguns aspectos da sua vida que simplesmente não é possível mudar, como você pode escolher aumentar, de modo consciente, o tempo e o esforço dedicados às coisas que o revigoram?

Como você pode reduzir o tempo e o esforço dedicados às coisas que o desgastam?

Existe alguma maneira de transformar algumas das coisas neutras em positivas – de torná-las mais revigorantes e/ou agradáveis?

Por fim, você consegue aprender a abordar de um modo diferente as coisas que, no momento, considera desgastantes? Talvez estando mais presente com elas, mesmo que as considere entediantes ou desagradáveis, dedicando a elas a mesma curiosidade e atenção que dedicou à uva-passa, em vez de julgá-las ou desejar que não estivessem presentes?

QUADRO 6: CORRENTE 1
PRÁTICA EM CASA PARA A SÉTIMA SEMANA

1. Vamos partir do princípio de que você irá manter a sua prática formal de atenção plena durante pelo menos um mês após o término do curso. Depois você poderá avaliar o que deseja levar adiante. Desse modo, considerando todas as diferentes formas de prática formal de atenção plena vivenciadas até agora no curso, use esta semana para escolher uma prática que pretenda utilizar de maneira regular e diária durante as próximas cinco semanas.

Você pode tentar usar a orientação do áudio somente em semanas alternadas – ou até mesmo com menor frequência. Faça a sua escolha de acordo com o que é mais proveitoso.

2. Pratique o espaço da respiração de três passos três vezes por dia, em ocasiões que você tenha escolhido de antemão.
3. Sempre que detectar pensamentos ou sentimentos desagradáveis, pratique o espaço da respiração de três passos, no intuito de lidar com a dificuldade, seguido de uma medida prática.
4. Como esboçado no Quadro 4, "Os indicadores do estresse e as estratégias de ação", relacione seus indicadores de estresse. Em seguida, avalie o que você tende a fazer quando está estressado. O que é proveitoso, o que é ineficaz? Novamente relacione esses pontos. Depois de fazer isso, pense e prepare algumas estratégias para usar quando notar um ou outro indicador de estresse no seu dia a dia.
5. Como esboçado no Quadro 5, "Atividades revigorantes e atividades desgastantes", escreva uma lista das suas atividades diárias, seguindo a orientação estipulada ali. Verifique se poderá haver quaisquer mudanças pequenas, porém eficazes, que você pode fazer na maneira como os seus dias se desenrolam. Até mesmo algumas mudanças aparentemente insignificantes podem fazer uma diferença tangível no seu nível de bem-estar.

QUADRO 7: CORRENTE 2
PRÁTICA EM CASA PARA A SÉTIMA SEMANA

1. Vamos partir do princípio de que você irá manter a sua prática formal de atenção plena durante pelo menos um mês após o término do curso. Depois você poderá avaliar o que deseja levar adiante. Desse modo, considerando todas as diferentes formas de

prática formal de atenção plena vivenciadas até agora no curso, use esta semana para escolher uma prática que pretenda utilizar de maneira regular e diária durante as próximas cinco semanas. Você pode tentar usar a orientação do áudio somente em semanas alternadas – ou até mesmo com menor frequência. Faça a sua escolha de acordo com o que é mais proveitoso.

2. Pratique o espaço da respiração de três passos três vezes por dia, em ocasiões que você tenha escolhido de antemão.
3. Sempre que detectar pensamentos ou sentimentos desagradáveis, pratique o espaço da respiração de três passos, no intuito de lidar com a dificuldade, seguido de uma medida prática.
4. Como esboçado no Quadro 4, "Os indicadores do estresse e as estratégias de ação", relacione seus indicadores de estresse. Em seguida, avalie o que você tende a fazer quando está estressado. O que é proveitoso, o que é ineficaz? Novamente relacione esses pontos. Depois de fazer isso, pense e prepare algumas estratégias para usar quando notar um ou outro indicador de estresse no seu dia a dia.
5. Como esboçado no Quadro 5, "Atividades revigorantes e atividades desgastantes", escreva uma lista das suas atividades diárias, seguindo a orientação estipulada ali. Verifique se poderá haver quaisquer mudanças pequenas, porém eficazes, que você pode fazer na maneira como os seus dias se desenrolam. Até mesmo algumas mudanças aparentemente insignificantes podem fazer uma diferença tangível no seu nível de bem-estar.

OITAVA

SEMANA

VIVER ATENTAMENTE

ACEITAÇÃO – E MUDANÇA

Estamos chegando ao fim do curso.

Discutimos repetidamente o benefício da conscientização, de uma atitude tolerante e de aceitação, e de responder de modo atento às situações, em vez de reagir de maneira automática.

Essa atitude atenta de aceitação pode dar origem a ações habilidosas, as quais ocasionam uma mudança benéfica. No entanto, pode ser difícil, até mesmo impossível, mudar certas circunstâncias. Há o perigo de, ao continuar tentando resolver problemas insolúveis ou se recusar a aceitar a realidade da situação em que se encontra, você acabar batendo com a cabeça em um muro de tijolos, esgotando-se e dando origem a um sentimento de desamparo, estresse ou depressão.

Em circunstâncias assim, você pode reter um sentimento de dignidade e de controle, com a decisão atenta e consciente de *não* tentar controlar tudo e, em vez disso, aceitar a situação como ela é – dirigindo, na medida do possível, uma atitude de gentileza tanto para a situação quanto para as suas reações diante dela.

Como afirma Jon Kabat-Zinn, não podemos deter as ondas, mas *podemos* aprender a surfar.

Uma parte importante disso é aprender a distinguir entre o que você pode e o que não pode mudar.

PERMANECER ATENTO

Como você viu no curso, a atenção plena pode ser praticada de duas maneiras. Existem práticas formais e práticas informais. As práticas formais, como a meditação sentada, o *body scan*, o yoga, e assim por diante, são condições fundamentais para promover uma substancial mudança interior. Há uma clara associação entre a quantidade de tempo dedicada a essas práticas e as mudanças benéficas no bem-estar.

No entanto, as práticas informais também têm o seu lugar. As práticas informais que você realizou no curso – comer, caminhar, lavar a louça e escovar os dentes com atenção, por exemplo – não acarretam, por si sós, o tipo de mudança associada à prática formal, mas tendem a resultar em uma vida interior mais rica. Existe claramente uma relação circular entre a prática formal e a informal. Se você se dedicar de maneira regular à prática formal da atenção plena, constatará que ficará mais inclinado a prestar atenção e desfrutar muito das simples tarefas do dia a dia.

Ao viver a vida dessa maneira, observando e desfrutando suas refeições, o tempo, as outras pessoas e o mundo à sua volta, você passa a ter mais facilidade de se dedicar à prática formal, o que pode ajudá-lo a permanecer mais atento ao longo do dia.

Larry Rosenberg, professor de atenção plena, sugere cinco passos fáceis para a prática da atenção plena ao longo do dia.

1. Sempre que possível, faça apenas uma coisa de cada vez.
2. Preste total atenção ao que estiver fazendo.
3. Quando a mente divagar e se afastar do que você estiver fazendo, traga-a de volta.
4. Repita o passo 3 vários bilhões de vezes.
5. Investigue as suas distrações.

QUADRO 1: 21 MANEIRAS DE PERMANECER ATENTO NO TRABALHO

O leque de possíveis práticas informais é infinito. Não há limite relacionado ao que você pode prestar atenção, mas há uma lista de possíveis práticas às quais você pode se dedicar à medida que o seu dia de trabalho se desenrola. Você pode tentar explorar algumas delas, usando a lista como um guia geral a fim de ativar as suas próprias ideias – mudando-as e adaptando-as de acordo com o seu temperamento e suas circunstâncias particulares.

1. Ao acordar, conscientize-se por alguns instantes do mundo à sua volta – sinta o colchão e a roupa de cama, a qualidade de luz no quarto, os sons dentro de casa e do lado de fora. Sintonize-se com a sua respiração e prepare-se para o que vem depois.
2. Se você costuma tomar uma xícara de chá ou de café logo ao acordar, faça disso uma oportunidade para a prática da atenção plena. Dedique 1 ou 2 minutos a si mesmo. Desfrute o calor da xícara ou da caneca, o aroma do líquido e seu sabor. Olhe pela janela e absorva os sons da natureza ou da cidade – é muito provável que o mundo também esteja despertando.
3. No final de qualquer prática formal que você possa realizar pela manhã, passe alguns momentos vivenciando os resultados do que você tiver acabado de fazer. Mesmo que a sua mente não tenha se estabilizado com facilidade, é provável que você esteja mais presente e alerta. Saboreie esses sentimentos. Não se apresse.
4. Se você vai a pé até o ponto de ônibus, à estação de metrô ou de trem, caminhe atentamente. Você pode aproveitar a oportunidade para desligar o celular e qualquer outro aparelho de comunicação e se entregar ao prazer desses momentos. Sinta os pés no chão e

o movimento nas pernas e nos quadris. Repare em como você está respirando. Deixe que a abrangência da sua atenção se alargue e se expanda – absorva o mundo à sua volta nesse momento. Caso descubra que a sua mente está divagando no passado ou no futuro e você comece a ficar preocupado com as tarefas que tem diante de si, lembre-se de que você tem permissão para dedicar alguns momentos a si mesmo, para se renovar e preparar a mente para o dia que está começando. Então traga a atenção de volta ao momento – para as sensações, talvez no ponto em que os seus pés tocam a calçada, e para os sentimentos em suas pernas e seus quadris.

5. Se você vai de carro ao trabalho, use alguns momentos, ao entrar no carro, para se conectar com a respiração e com o corpo. Prepare-se para dirigir atentamente até o trabalho.

6. Enquanto estiver dirigindo, faça uma verificação de tempos em tempos a fim de se conscientizar de alguma tensão que possa estar presente: as mãos tensas no volante, os ombros curvos, o estômago contraído. Respire nessas tensões, deixando, talvez, que elas se suavizem e se desloquem. A tensão não faz de você um motorista melhor.

7. Procure não tocar nenhuma música ou ouvir o rádio do carro. Fique apenas consigo mesmo, com seus pensamentos, seus sentimentos e as sensações do seu corpo, conforme eles mudem, de momento a momento. E preste atenção ao mundo que vai se modificando do lado de fora do carro. Permaneça no momento e, ao notar que a sua mente divagou, indo para o passado ou para o futuro, apenas observe isso e traga com delicadeza sua mente de volta para a sensação de estar sentado, dirigindo.

8. Veja como é respeitar o limite de velocidade ou ficar logo abaixo dele. Pode ser mais relaxante. Se estiver dirigindo em uma via expressa, observe como é permanecer na pista de baixa velocidade.

9. Se vai para o trabalho de ônibus, metrô ou trem, você pode passar alguns momentos de cada viagem sintonizando-se consigo mesmo. Ponha de lado o jornal ou o trabalho, desligue o iPod e o celular e dedique algum tempo apenas a si mesmo. Acompanhe a respiração e acomode-se dentro de si mesmo. Esses são momentos raros – um tempo apenas para você.

10. Se você estaciona no seu local de trabalho, pode optar por estacionar mais longe da entrada e dar a si mesmo a chance de caminhar atentamente até lá.

11. Se estiver usando o transporte público, pode saltar um ponto antes e fazer a mesma coisa. O exercício tem benefícios óbvios e oferece outra chance de você se sintonizar consigo mesmo e estabelecer alguma atenção plena. Desfrute a caminhada.

12. Independentemente de como você vai ao trabalho, ao se aproximar do local, passe alguns momentos orientando-se com relação ao dia que tem pela frente – como você quer usar esse dia?

13. Quando estiver sentado em sua mesa ou ao lado do seu equipamento de trabalho, dedique alguns momentos, de quando em quando, para se sintonizar com as suas sensações corporais. Observe qualquer tensão que possa estar presente e respire nela – suavizando-a e atenuando-a.

14. Quando fizer uma pausa no trabalho, em vez de ler o jornal ou fazer uma busca na internet, faça uma verdadeira pausa. Afaste-se do computador – ande um pouco e vá para o lado de fora, se possível.

15. Na hora do almoço, faça a mesma coisa. Afaste-se da sua mesa ou do equipamento de trabalho. Se puder, desligue o telefone e vá tomar um pouco de ar. Faça uma pausa. Se for almoçar com colegas, tente falar sobre assuntos não relacionados ao trabalho de quando em quando.

16. Você também pode fazer uma ou duas refeições por semana em silêncio. Da mesma forma, pode ingerir a comida mais lentamente nessas refeições, desfrutando os sabores e as texturas e ficando apenas consigo mesmo.
17. Encontre maneiras de criar deixas de atenção plena em sua área de trabalho. Quando o telefone tocar, você pode, por exemplo, usar isso como uma oportunidade para voltar a si mesmo. Pode deixá-lo tocar mais algumas vezes antes de atender, enquanto concentra suas energias.
18. Antes de ir para casa, revise o dia. Reconheça o que realizou, escreva uma lista do que precisa fazer no dia seguinte e – se puder – pare de trabalhar. Talvez você já tenha feito o bastante por ora.
19. Use a viagem de volta para casa como uma maneira de efetuar uma transição. Caminhe ou dirija atentamente. Não se apresse.
20. Ao se aproximar da porta da frente da sua casa, prepare-se para o lar e para entrar em um diferente modo de vida.
21. Você pode trocar de roupa logo depois que entrar e fazer questão de saudar um por um todos os que moram com você. Olhe nos olhos deles e estabeleça uma conexão. Tente reservar de 5 a 10 minutos para ficar parado e quieto. Caso more sozinho, sinta como é entrar no espaço silencioso da sua casa, o sentimento de entrar em seu próprio ambiente.

As ideias e práticas aqui expostas são apenas uma orientação. Descubra sua própria maneira de ficar atento no trabalho e em casa. Ao se dedicar diariamente a algumas dessas práticas informais de atenção plena, tornando-as parte de sua rotina, você pode promover mudanças significativas na textura e na qualidade de cada dia. Apenas alguns minutos investidos todos os dias dessa maneira podem resultar em enormes melhoras na sua qualidade de vida como um todo.

A vida vivida atentamente é muito mais rica e profunda.

SIGA EM FRENTE!

Agora que conhece os benefícios da prática regular da atenção plena, espero que você continue a realizar os exercícios, pelo menos em certa medida, depois que o curso terminar. Encontre uma forma de prática que funcione para você e não deixe de realizar o espaço da respiração de três passos sempre que precisar.

Eis algumas dicas que poderão ser úteis quando você vier a instituir um padrão regular da prática da atenção plena no dia a dia:

- Se o seu modo de vida possibilitar uma rotina, insira a sua prática de meditação ou yoga nessa rotina. Você provavelmente não precisa pensar muito se deve ou não escovar os dentes ou tomar banho todos os dias. A sua prática de meditação pode ser assim, uma vez que se torne uma rotina.
- Com esse intuito, pode ser proveitoso fazê-la mais ou menos na mesma hora todos os dias. Experimente e descubra qual a hora que funciona melhor para você e depois se atenha a ela.
- Também pode ser útil executar a prática no mesmo lugar todos os dias. Se possível, tente reservar uma pequena área na sua casa em que você possa se dedicar à prática regularmente. Você pode deixar lá algumas flores naturais e os apetrechos de meditação sentada. Apenas alguns metros quadrados de espaço são suficientes.

Acima de tudo, lembre-se do seguinte: isso nunca é um desperdício. Mesmo que você tenha ficado vários dias sem se dedicar à prática, ou até mesmo por semanas, meses ou anos, ela está sempre presente para que você possa voltar a ela. Apenas se sente, feche os olhos, leve a atenção para a respiração e pronto. Ela estava pacientemente esperando que você voltasse e continua tão revigorante como sempre.

Siga em frente! Eu lhe desejo tudo o que há de melhor.

RECURSOS ADICIONAIS

TREINAMENTO ADICIONAL E OUTROS RECURSOS

Há um *site* dedicado a este livro, www.8weekmindfulness.com, que contém *links* e outras informações para os que desejam investigar mais.

Os cursos de MBSR de oito semanas agora estão amplamente disponíveis no mundo inteiro. Os detalhes dos cursos públicos que meus sócios e eu oferecemos no Reino Unido podem ser encontrados em www.mbsr.co.uk. O trabalho que fazemos nas organizações está detalhado em www.mindfulness-works.com.

Os cursos de MBSR estão disponíveis em todo o Reino Unido, e o *site* www.bemindful.co.uk é uma boa opção para procurar um em sua área.

Nos Estados Unidos, Center for Mindfulness in Medicine, Health Care, and Society: www.umassmed.edu/content.aspx?id=41252. Eles oferecem variados programas, e o *site* apresenta *links* para uma série de profissionais nos Estados Unidos e em outros lugares. Eles enfatizam, contudo, que não se responsabilizam pela qualidade desses profissionais.

O Google também pode ajudá-lo a encontrar um curso, basta buscar "MBSR". No entanto, tome cuidado, tendo em vista que nem todo mundo que oferece a MBSR hoje em dia está qualificado para fazê-lo. Verifique cuidadosamente as credenciais. Se tiver dúvida, telefone para o instrutor e converse com ele.

Diferentes cursos de treinamento de professores de atenção plena estão disponíveis em diversas partes do mundo; uma busca na internet específica para a sua área estará mais atualizada do que esta lista pode estar.

O Centro de Pesquisa e Prática de Atenção Plena (Centre for Mindfulness Research and Practice), que faz parte da Escola de Psicologia da Universidade Bangor, foi onde realizei meu treinamento e onde, às vezes, eu leciono. Eles oferecem um mestrado em abordagens baseadas na atenção plena e realizam retiros regulares de sete dias de treinamento de professores para os que têm um consultório estabelecido de atenção plena. Consulte www.bangor.ac.uk/mindfulness.

Qualquer pessoa que deseje oferecer um treinamento de atenção plena em qualquer ambiente deve, primeiro, receber ela própria um treinamento, tanto em atenção plena quanto em instrução de atenção plena. Ela deve sempre continuar a praticar e seguir a "Orientação da Boa Prática para o Ensino de Cursos Baseados na Atenção Plena" exposto a seguir.

ORIENTAÇÃO DA BOA PRÁTICA PARA O ENSINO DE CURSOS BASEADOS NA ATENÇÃO PLENA

Se você está interessado em frequentar um curso em grupo de oito semanas, verifique se o instrutor segue determinado conjunto de padrões.

Apresento a seguir, por exemplo, as diretrizes publicadas pela UK Network of Mindfulness-Based Teacher Trainers em janeiro de 2010:

A. Treinamento anterior ou formação relevante

1. Qualificação profissional na prática clínica, educação, contexto social ou uma experiência de vida equivalente.
2. Conhecimento do público a quem a abordagem baseada na atenção plena será dirigida e experiência de ensino, de terapia ou outro tipo de cuidado com grupos ou indivíduos.

3. Um treinamento profissional de saúde mental que inclua a utilização de abordagens terapêuticas baseadas em evidências (no caso de um curso de MBCT).

B. Treinamento fundamental

1. Familiaridade, por meio da participação pessoal, com o programa do curso baseado na atenção plena que você pretende aprender a ensinar.
2. Experiência pessoal minuciosa com a prática diária da meditação de atenção plena, o que inclui as três práticas básicas dos programas baseados na atenção plena: o *body scan*, a meditação sentada e o movimento consciente (além de qualquer outra prática básica que necessariamente faça parte do programa que está sendo ensinado, por exemplo a prática da conscientização amável no programa da Breathworks).

C. Treinamento de professores baseado na atenção plena

1. Conclusão de um programa de treinamento de professores detalhado e rigoroso baseado na atenção plena ou percurso supervisionado com uma duração mínima de 12 meses.
2. Desenvolvimento da conscientização da estrutura ética dentro da qual você está trabalhando.
3. Desenvolvimento da conscientização e do reconhecimento das limitações e dos limites de seu treinamento e sua experiência.
4. Envolvimento com um processo regular de supervisão com um professor ou professores de atenção plena experientes, o que inclui:
    a. a oportunidade de refletir ou investigar o processo pessoal em relação à prática pessoal da atenção plena e à prática de ensino baseada na atenção plena;

b. receber *feedback* periódico sobre o ensino de um professor de atenção plena experiente, por meio de gravações em vídeo, da presença de um supervisor em sessões de ensino ou do ensino conjunto e a inclusão de sessões de *feedback*.
5. Participação em um retiro de meditação de atenção plena conduzido por um professor.

D. Exigências permanentes da boa prática

1. Um compromisso permanente com uma prática da atenção plena pessoal, por meio da prática formal e informal, e a participação em retiros.
2. Garantir que sejam formados e mantidos contatos permanentes com colegas que lecionem a atenção plena como forma de compartilhar experiências e aprender de maneira colaborativa.
3. Um processo permanente e regular de supervisão realizado por um professor ou professores de abordagens baseadas na atenção plena que inclua as áreas citadas no item C-4 anterior.
4. O compromisso permanente de se dedicar à prática de reflexão, assistindo, por exemplo, gravações das próprias sessões de ensino, relacionando-se com um professor ou professores de atenção plena e lendo regularmente livros da área da atenção plena.
5. Envolver-se em um treinamento adicional no intuito de desenvolver habilidades e o entendimento na apresentação de abordagens baseadas na atenção plena.
6. Assumir o compromisso de se manter atualizado com a base atual de evidências para as abordagens baseadas na atenção plena.
7. A adesão permanente à estrutura ética apropriada da sua formação.

LEITURA ADICIONAL

BEGLEY, S. *Train Your Mind, Change Your Brain: How a New Science Reveals Our Extraordinary Potential to Transform Ourselves*, Nova York: Ballantine Books, 2007.

BURCH, V. e PENMAN, D. *Mindfulness for Health: A Practical Guide to Relieving Pain, Reducing Stress and Restoring Well-being*, Londres: Piatkus, 2013.

CRANE, R. *Mindfulness-Based Cognitive Therapy*, Londres e Nova York: Routledge, 2008.

GERMER, C. *The Mindful Path to Self-Compassion*, Londres e Nova York: Guilford Press, 2009.

GILBERT, P. *The Compassionate Mind*, Londres: Constable, 2010.

HANSON, R. e MENDIUS, R. *Buddha's Brain: The Practical Neuroscience of Happiness, Love, and Wisdom*, Oakland, CA: New Harbinger Publications, 2009.

HEAVERSEDGE, J. e HALLIWELL, E. *The Mindful Manifesto: How Doing Less and Noticing More Can Help Us Thrive in a Stressed-Out World*, Londres: Hay House, 2012.

KABAT-ZINN, J. *Coming to Our Senses: Healing Ourselves and the World through Mindfulness*, Londres: Piatkus, 2005.

_____. *Full Catastrophe Living: How to Cope with Stress, Pain and Illness Using Mindfulness Meditation*, 2ª edição, Londres: Piatkus, 2013.

_____. *Wherever You Go, There You Are: Mindfulness Meditation for Everyday Life*, Londres, Piatkus: 2004.

SEGAL, Z. V.; WILLIAMS, J. M. G. e TEASDALE, J. D. *Mindfulness-Based Cognitive Therapy for Depression: A New Approach to Preventing Relapse*, 2ª edição, Londres: Guilford Press, 2012.

SIEGEL, D. J. *The Mindful Brain: Reflection and Attunement in the Cultivation of Well-Being*, Nova York: W. W. Norton, 2007.

TEASDALE, J.; WILLIAMS, M. e SEGAL, Z. *The Mindful Way Workbook: An 8-Week Program to Free Yourself from Depression and Emotional Distress*, Londres: Guilford Press, 2013.

WAX, R. *Sane New World: Taming the Mind*, Londres: Hodder & Stoughton, 2013.

WILLIAMS, M. e PENMAN, D. *Mindfulness: A Practical Guide to Finding Peace in a Frantic World*, Londres: Piatkus, 2011.

WILLIAMS, M.; TEASDALE, J; SEGAL, Z. e KABAT-ZINN, J. *The Mindful Way through Depression: Freeing Yourself from Chronic Unhappiness*, Londres e Nova York: Guilford Press, 2007.

NOTAS

INTRODUÇÃO

Página 14

Jon Kabat-Zinn (sobre quem falaremos mais adiante) se refere a ela como a conscientização que surge quando prestamos atenção de modo deliberado, no momento presente e de maneira imparcial: isto se baseia na descrição de Jon Kabat-Zinn encontrada em *Wherever You Go, There You Are: Mindfulness Meditation for Everyday Life*, Nova York: Hyperion, 1994, p. 4.

Página 18

Perto do final do século XIX, isso começou a mudar quando exploradores, eruditos e administradores coloniais europeus passaram a descobrir e a converter para os seus contextos parte do que acontecia nos mosteiros asiáticos: P.C. Almond, *The British Discovery of Buddhism*, Cambridge: Cambridge University Press, 1988.

Página 19

"O que vou fazer com a minha vida? Que tipo de trabalho eu amo a ponto de pagar para executá-lo?": Jon Kabat-Zinn, "Some reflections on the

origins of MBSR, skilful means, and the trouble with maps", *in Contemporary Buddhism*, vol. 12/1 (2011), pp. 281-306.

Página 19

Ele passou então a se perguntar o que o sistema estava oferecendo aos 80 por cento restantes: isto foi extraído de um comentário que Jon fez sobre um programa de televisão da PBS, apresentado por Bill Moyers, em 1993. O programa foi destacado em B. Moyers, *Healing and the Mind*, Nova York: Broadway Books, 1993, e está disponível no YouTube – busque por "Healing and the Mind".

Página 21

Mais de 740 centros médicos acadêmicos, hospitais, clínicas e programas independentes oferecem a MBSR para o público ao redor do mundo: Jon Kabat-Zinn, "No blueprint, just love", revista *Mindful*, fevereiro de 2014, p. 36.

Página 21

os sintomas dos que participavam do curso de MBSR concomitante ao tratamento desapareciam cerca de 50 por cento mais rápido do que os dos que não faziam o curso: J. Kabat-Zinn *et al.*, "Influence of a mindfulness meditation-based stress reduction intervention on rates of skin clearing in patients with moderate to severe psoriasis undergoing phototherapy (UVB) and photochemotherapy (PUVA)", *in Psychosomatic Medicine*, vol. 60/5 (1998), pp. 625-32.

Página 21

viajou para Dharamsala, nos contrafortes das montanhas do Himalaia, na Índia, em uma espécie de expedição neurocientífica: S. Begley, *Train Your Mind, Change Your Brain: How a New Science Reveals Our Extraordinary Potential to Transform Ourselves*, Nova York: Ballantine Books, 2007.

Página 23

o diretor de uma rede de pesquisas de psicologia clínica pediu (...) que desenvolvessem uma terapia de grupo para o tratamento da depressão reincidente: Z. V. Segal et al., *Mindfulness-Based Cognitive Therapy for Depression: A New Approach to Preventing Relapse*, 2ª edição, Londres: Guilford Press, 2012.

Página 23

uma projeção da Organização Mundial da Saúde indica que, de todas as doenças, a depressão será responsável pelo segundo maior ônus de problemas de saúde no mundo inteiro já em 2020: Z. V. Segal et al., *Mindfulness-Based Cognitive Therapy for Depression: A New Approach to Preventing Relapse*, 2ª edição, Londres: Guilford Press, 2012.

Página 23

Além disso, depois de um mínimo de três episódios sérios, a chance de reincidência da depressão é de 67 por cento. Z. V. Segal et al., *Mindfulness-Based Cognitive Therapy for Depression: A New Approach to Preventing Relapse*, 2ª edição, Londres: Guilford Press, 2012.

Página 24

Mary sai do trabalho e chega em casa: Z. V. Segal et al., *Mindfulness-Based Cognitive Therapy for Depression: A New Approach to Preventing Relapse*, 2ª edição, Londres: Guilford Press, 2012, pp. 33-4.

Página 26

O simples ato de reconhecer nossos pensamentos como pensamentos pode nos libertar da realidade distorcida que eles frequentemente criam e possibilitar mais perspicácia e um maior sentimento de maneabilidade em nossa vida: J. Kabat-Zinn, *Full Catastrophe Living: How to Cope with Stress, Pain and Illness Using Mindfulness Meditation*, 2ª edição, Londres: Piatkus, 2013, p. 66.

Página 27

o transtorno obsessivo-compulsivo, os distúrbios alimentares, o uso de drogas, a lesão cerebral traumática, a obesidade e o transtorno bipolar, entre outros: Z. V. Segal et al., *Mindfulness-Based Cognitive Therapy for Depression: A New Approach to Preventing Relapse*, 2ª edição, Londres: Guilford Press, 2012.

Página 27

quando esta ocorre, as pessoas com treinamento em MBCT parecem vivenciá-la com menos gravidade: J. Piet e E. Hougaard, "The effect of mindfulness-based cognitive therapy for prevention of relapse in recurrent major depressive disorder: a systematic review and meta-analysis", *in Clinical Psychology Review*, vol. 31/6 (2011), pp. 1032-040.

Página 28

deparei-me com um programa de mestrado oferecido pela Universidade Bangor, no País de Gales: consulte www.bangor.ac.uk/mindfulness.

Página 31

Escrevi um livro sobre esse tema: M. Chaskalson, *The Mindful Workplace*, Oxford: Wiley-Blackwell, 2011.

Página 31

um curso de mestrado em liderança positiva e estratégia (EXMPLS) para executivos, cujo ponto focal é o treinamento da atenção plena: consulte http://exmpls.ie.edu para obter mais informações sobre esse programa.

Página 31

a recomenda como um tratamento de primeira linha nos casos de depressão reincidente: National Institute for Health and Clinical Excellence, *Depression: The Treatment and Management of Depression in Adults* (2009), uma atualização parcial da orientação clínica 23 da NICE, extraída em 6 de setembro de 2013 de www.nice.org.uk/nicemedia/pdf/cg90niceguideline.pdf.

Página 31

O Corpo de Fuzileiros Navais dos Estados Unidos, por outro lado, descobriu que ela ajuda os soldados a manter a flexibilidade mental, a clareza cognitiva e emoções apropriadas em situações de pressão: A. P. Jha *et al.*, "Examining the protective effects of mindfulness training on working memory capacity and affective experience", *in Emotion*, vol. 1 (2010), pp. 54-64.

Página 32

40 trabalhos de pesquisa revisados por especialistas surgem todo mês: você encontrará em www.mindfulexperience.org uma lista com milhares de trabalhos de pesquisa. Para uma análise crítica sistemática das evidências, consulte A. Chiesa e A. Serretti, "A systematic review of neurobiological and clinical features of mindfulness meditations", *in Psychological Medicine*, vol. 40/8 (2010), pp. 1239-252.

Página 32

Mindfulness Report *de 2010*: www.livingmindfully.co.uk/downloads/Mindfulness_Report.pdf.

Página 34

maior concentração de massa cinzenta cerebral em áreas associadas à atenção prolongada, à regulação emocional e à tomada de perspectiva: B. K. Hölzel *et al.*, "Mindfulness practice leads to increases in regional brain gray matter density", *in Psychiatry Research: Neuroimaging*, vol. 191/1 (2011), pp. 36-43.

Página 34

maior espessura cortical: S. W. Lazar *et al.*, "Meditation experience is associated with increased cortical thickness", *in Neuroreport*, vol. 16/17 (2005), pp. 1893-897.

Página 34

reduzida ativação da amígdala – a amígdala é um componente fundamental do sistema de detecção de ameaças do cérebro; quando ela está menos ativa, você se sente mais à vontade consigo mesmo e com os outros. Consulte J. J. Cresswell et al., "Neural correlates of dispositional mindfulness during affect labeling", *in Psychosomatic Medicine*, vol. 69 (2007), pp. 560-65.

Página 35

se o pré-frontal esquerdo estiver mais ativo, você ficará mais propenso a vivenciar níveis mais elevados de bem-estar: R. J. Davidson et al., "Alterations in brain and immune function produced by mindfulness meditation", *Psychosomatic Medicine*, vol. 65 (2003), pp. 564-70.

Página 35

A memória operacional também é um componente fundamental na regulação da emoção e ela é reduzida pelo estresse agudo ou crônico: A. P. Jha et al., "Examining the protective effects of mindfulness training on working memory capacity and affective experience", *in Emotion*, vol. 10/1 (2010), pp. 54-64.

Página 35

programas para crianças e jovens adultos, como: http://mindfulnessinschools.org.

Página 35

o programa desenvolvido por meus colegas na Universidade Bangor: www.bangor.ac.uk/mindfulness/education.php.en.

Página 35

quantas pessoas na sala acham que o treinamento físico regular pode ser crucial para a saúde e o bem-estar: descobri essas perguntas assistindo a um vídeo no YouTube do maravilhoso Amishi Jha, que estuda a neurociência da atenção plena.

Página 35

mesmo em 1970, quando a maratona de Nova York foi realizada pela primeira vez, com 127 participantes: www.nyrr.org/about-us/marathon-history.

Página 36

um recorde mundial para uma maratona: www.tcsnycmarathon.org.

PRIMEIRA SEMANA

Página 47

o que é uma capacidade maravilhosa: W. Schneider e R. M. Shiffrin, "Controlled and automatic human information processing: detection, search, and attention", in *Psychological Review*, vol. 84/1 (1977), pp. 1-66.

Página 54

Novak Djokovic, um dos mais incríveis tenistas do mundo, usa o yoga e a meditação para se manter em boa forma física, mental e emocional: www.telegraph.co.uk/sport/tennis/novakdjokovic/10149230/Novak-Djokovic-taps-into-the-power-of-Buddha-for-inner-peace-during-Wimbledon-2013.html.

Página 55

Antes de empreender o body scan, experimente realizar agora este breve exercício, por alguns momentos: sou grato ao meu colega Ciaran Saunders por ter me introduzido a esse exercício.

Página 63

Assim como o Senhor Duffy, no livro Dublinenses, *de James Joyce, que "vivia a uma pequena distância de seu corpo"*: J. Joyce, The Dubliners, Londres: Penguin Modern Classics, 2000.

SEGUNDA SEMANA

Página 88

Aqui estão relacionadas, sem uma ordem particular, várias qualidades de atitude associadas ao treinamento da atenção plena que, espero, começarão a surgir para você durante o curso: essa lista foi adaptada de outra publicada em S. Shapiro e L. Carlson, The Art and Science of Mindfulness: Integrating Mindfulness into Psychology and the Helping Professions, Washington, DC: American Psychological Association, 2008.

TERCEIRA SEMANA

Página 101

Em um famoso estudo conduzido em 1988: F. Strack *et al.*, "Inhibiting and facilitating conditions of the human smile: a nonobtrusive test of the facial feedback hypothesis", *in Journal of Personality and Social Psychology*, vol. 54/5 (1988), pp. 768-77.

Página 103

mesmo que se exercite com regularidade: H. P. van der Ploeg *et al.*, "Sitting time and all-cause mortality risk in 222,497 Australian adults", *in Archives of Internal Medicine*, vol. 172/6 (2012), pp. 494-500.

Página 134

Os resultados que emergiram dos estudos de Davidson com os monges foram excepcionais: S. Begley, *Train Your Mind, Change Your Brain: How a New Science Reveals Our Extraordinary Potential to Transform Ourselves*, Nova York: Ballantine Books, 2007.

Página 135

Eles ministraram um curso de atenção plena de oito semanas aos trabalhadores de uma empresa de biotecnologia por alta pressão em Madison, Wisconsin: R. J. Davidson *et al.*, "Alterations in brain and immune function produced by mindfulness meditation", *in Psychosomatic Medicine*, vol. 65 (2003), pp. 564-70.

Página 136

para um empírico, foi o bastante: http://events.nytimes.com/2003/09/14/magazine/14BUDDHISM.html.

Páginas 137

Para simplificar, podemos chamá-los de sistema de evitar (no lugar de BIS) e sistema de aproximar (em vez de BAS): J. A. Gray, "A critique of Eysenck's theory of personality", in *A Model for Personality*, org. H. J. Eysenck, Berlim: Springer-Verlag, 1981, pp. 246-76.

Página 139

nossos antepassados viviam em grupos tribais, em geral com não mais do que 150 membros: A. Norenzayan e A. F. Shariff, "The origin and evolution of religious prosociality", *Science*, vol. 332 (2008), pp. 58-62.

Página 139

temos a capacidade de sentir – e estimular dentro da nossa própria experiência – as ações das outras pessoas, suas emoções e seus pensamentos: R. Hanson e R. Mendius, *Buddha's Brain: The Practical Neuroscience of Happiness, Love, and Wisdom*, Oakland, CA: New Harbinger Publications, 2009.

Páginas 139

Isso confere a você, no seu corpo, a sensação do que os outros experimentam no corpo deles: S. D. Preston e F. B. M. de Waal, "Empathy: its ultimate and proximate bases", *in Behavioral and Brain Sciences*, vol. 25 (2002), pp. 1-72.

Página 140

Isso faz com que você entenda os sentimentos dos outros: T. Singer *et al.*, "Empathy for pain involves the affective but not sensory components of pain", *Science*, vol. 303 (2004), pp. 1157-162.

Página 140

Juntos, eles produzem a sua percepção geral da experiência interior deles: T. Singer, "The neuronal basis and ontogeny of empathy and mind reading: review of literature and implications for future research", *in Neuroscience and Biobehavioral Reviews*, vol. 30 (2006), pp. 855-63.

Página 140

A capacidade de duas pessoas se "sentirem sentidas": D. J. Siegel, *The Mindful Brain: Reflection and Attunement in the Cultivation of Well-Being*, Nova York: W.W. Norton, 2007.

Página 140

Recorrendo a vários resultados de pesquisas, ele menciona: www.normanfarb.com/research.

Página 142

Em 2007, Farb e seus colegas publicaram um estudo: N. A. Farb *et al.*, "Attending to the present: mindfulness meditation reveals distinct neural modes of self-reference", *in SCAN*, vol. 2 (2007), pp. 313-22.

QUARTA SEMANA

Página 179

Um estudo da população dos Estados Unidos, em 1973: Bruskin Associates, citado em *Spectra*, vol. 9/6 (1973), p. 4.

QUINTA SEMANA

Página 198

A maneira mais fácil de relaxar é parar de tentar fazer com que as coisas sejam diferentes: J. Goldstein, *Insight Meditation: The Practice of Freedom*, Boston: Shambhala, 2003, p. 39.

Página 199

uma vez em que ele estava em um treinamento, preparando-se para apresentar uma palestra – sobre a maneira como o desejo e a aversão impulsionam o sofrimento humano: J. D. Teasdale e M. Chaskalson, "How does mindfulness transform suffering? I: the nature and origins of *dukkha*", *in Contemporary Buddhism*, vol. 12/1 (2011), pp. 89-102.

SEXTA SEMANA

Página 208

Afinal de contas, isso não fazia parte das obrigações de um zelador: Z. V. Segal *et al.*, *Mindfulness-Based Cognitive Therapy for Depression: A New Approach to Preventing Relapse*, 2ª edição, Londres: Guilford Press, 2012, p. 299.

Página 210

Avalie agora dois outros breves cenários: Z. V. Segal *et al.*, *Mindfulness-Based Cognitive Therapy for Depression: A New Approach to Preventing Relapse*, 2ª edição, Londres: Guilford Press, 2012.

Página 216

Essa é uma expressão da nossa sabedoria e da compaixão inatas: J. Kabat-Zinn, *Full Catastrophe Living: How to Cope with Stress, Pain and Illness Using Mindfulness Meditation*, 2ª edição, Londres: Piatkus, 2013, pp. 66-8.

Página 216

A escritora Valerie Cox: Valerie Cox, *in A 3rd Serving of Chicken Soup for the Soul: 101 More Stories to Open the Heart and Rekindle the Spirit*, org. J. Canfield e M. V. Hansen, HCI, Florida, 1996, p. 199.

Página 217

O professor de meditação Joseph Goldstein usa a analogia de um trem para descrever esse processo: J. Goldstein, *Insight Meditation: The Practice of Freedom*, Boston: Shambhala, 2003.

Página 221

Três estratégias para lidar com a aflição: J. D. Teasdale e M. Chaskalson, "How does mindfulness transform suffering? II: the transformation of dukkha", *in Contemporary Buddhism*, vol. 12/1 (2011), pp. 103-24.

SÉTIMA SEMANA

Página 230

A natureza da atenção plena é o envolvimento; onde há interesse, segue-se uma atenção natural e espontânea: C. Feldman, *The Buddhist Path to Simplicity: Spiritual Practice for Everyday Life*, Londres: Thorsons, p. 173.

Páginas 232

De apenas se entregar/E dançar: Oriah Mountain Dreamer, do prelúdio de *The Dance*, Nova York: HarperCollins, 2001.

Página 236

Em 1970, dois psicólogos conduziram um experimento sagazmente concebido, inspirado na parábola do Bom Samaritano: J. M. Darley e C. D. Batson, "From Jerusalem to Jericho: a study of situational and dispositional variables in helping behavior", *in Journal of Personality and Social Psychology*, vol. 27 (1973), pp. 100-08.

Página 238

Outra pesquisa, realizada mais recentemente, examinou os efeitos do treinamento da meditação sobre a probabilidade de as pessoas ajudarem os outros: P. Condon *et al.*, "Meditation increases compassionate responses to suffering", *in Psychological Science*, vol. 24 (2013), pp. 2125-127.

OITAVA SEMANA

Página 249

Como afirma Jon Kabat-Zinn, não podemos deter as ondas, mas podemos aprender a surfar: Wherever You Go, There You Are: Mindfulness Meditation for Everyday Life, Nova York: Hyperion, 1994, p. 30.

Página 250

Há uma clara associação entre a quantidade de tempo dedicada a essas práticas e as mudanças benéficas no bem-estar: J. Carmody e R.A. Baer, "Relationships between mindfulness practice and levels of mindfulness, medical and psychological symptoms and well-being in a Mindfulness-Based Stress Reduction program", *in Journal of Behavioural Medicine*, vol. 31 (2008), pp. 23-33.

Página 250

Investigue as suas distrações: L. Rosenberg, Breath by Breath: The Liberating Practice of Insight Meditation, Boston: Shambhala, 1998, pp. 168-70.

Página 251

Mas há uma lista de possíveis práticas: S. F. Santorelli, "Mindfulness and mastery in the workplace", *in Engaged Buddhist Reader*, org. A. Kotler, Berkeley: Parallax Press, 1996, pp. 39–45.

LISTA DE ARQUIVOS DE ÁUDIO

(Faça o download em http://grupopensamento.com.br/mindfulnessemoitosemanas.rar)
Locução em português:
Luciana Oddone Correa
Profª de Yoga e Meditação

Faixa	Título	Minutos
1	Exercício da Uva-passa	5
2	*Body Scan* (versão Longa)	25
3	*Body Scan* (versão Curta)	11
4	Atenção Plena da Respiração (Versão de 10 min.)	10
5	Atenção Plena da Respiração (Versão de 5 min.)	5
6	Movimento Consciente (Versão Longa)	15
7	Movimento Consciente (Versão Curta)	7
8	Espaço da Respiração de Três Passos	3
9	Meditação Andando	5
10	Atenção Plena da Respiração e do Corpo	6
11	Atenção Plena dos Sons e dos Pensamentos	8
12	Conscientização Indiferente	3
13	Meditar com o Que é Difícil	7
14	Meditação Sentada (Versão de 40 min.)	40
15	Meditação Sentada (Versão de 30 min.)	30
16	Meditação Sentada (Versão de 20 min.)	20
17	Meditar com o Que é Difícil (Versão de 30 min.)	30
18	Meditar com o Que é Difícil (Versão de 20 min.)	20

AGRADECIMENTOS

Ciaran Saunders, Jane Brendgen e Mark McMordie leram o texto e fizeram comentários proveitosos. No entanto, quaisquer erros e omissões são de minha inteira responsabilidade.

Sou grato aos meus colegas do Centre for Mindfulness Research and Practice [Centro de Pesquisa e Prática da Atenção Plena], na Universidade Bangor, e a Juan Humberto Young, que dirige o programa EXMPLS na IE Business School [Escola de Negócios IE], por seu apoio e por lecionarem comigo – aprendi muito com eles. E sou imensamente grato a John Teasdale e Ciaran Saunders pelas numerosas conversas estimulantes que tivemos sobre a atenção plena e temas correlatos. Espero que elas continuem por muito tempo.

Josie Harrison assumiu a administração dos cursos públicos da Mindfulness Works de uma maneira que me deixou completamente livre para me concentrar em escrever e lecionar. Obrigado, Jo. E fui capaz de entregar, com confiança, os meus planos diários e complexos de viagem nas mãos competentes da minha assistente, Rachel Guyat, o que representou um enorme alívio.

Além de ler detalhadamente o texto, minha esposa, Annette Chaskalson, me ofereceu apoio constante e amoroso, enquanto eu tentava negociar uma agenda de ensino abarrotada e uma programação de produção literária apertada e conseguir terminar este livro até o prazo final. Agradeço por isso e por muitas outras coisas, meu amor.

AUTORIZAÇÕES

Obtive autorização para reproduzir textos das seguintes obras:

The Essential Rumi
Coleman Barks & John Moyne
0-062-50959-4
Seleção: The Guest House
HarperOne

There's a Hole in My Sidewalk: The Romance of Self-Discovery
Portia Nelson
0-941-83187-6
Seleção: Autobiography in Five Short Chapters
Simon & Schuster

The Dance: Moving to the Deep Rhythms of Your Life
Oriah Mountain Dreamer
0-061-11670-X
Seleção: What if there is no need to change?
HarperOne

Full Catastrophe Living
Jon Kabat-Zinn
0-749-95841-3
Piatkus Books

Impresso por :

gráfica e editora

Tel.:11 2769-9056